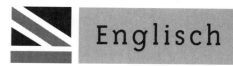

Die 100 wichtigsten Geschäftsbriefe in Englisch

mit deutschen Übersetzungen und Kommentaren

Alle Musterbriefe auf Diskette

Die 100 wichtigsten Geschäftsbriefe

Inhalt

Kontaktaufnahme und Anfrage

		Seite
1	Werbebrief an neuen Kunden – Vorschlag 1	10
2	Werbebrief an neuen Kunden – Vorschlag 2	11
3	Anfrage nach Übernahme einer Handelsvertretung	12
4	Flyer – Beilage bei Direct-Mail-Aktion	13
5	Bitte um Angebot an Kunden gegen Provision	14
6	Nachfassbrief an inaktiven Kunden – Vorschlag 1	15
7	Nachfassbrief an inaktiven Kunden – Vorschlag 2	16
8	Nachfassbrief – Angebot einer Präsentation	17
9	Bitte um Vertreterbesuch	18
10	Unverlangt zugesandtes Angebot	19

Angebote und Bestellungen

11	Bitte um Kostenvoranschlag	20
12	Kostenvoranschlag	21
13	Angebot auf Anfrage – Vorschlag 1	22
14	Angebot auf Anfrage – Vorschlag 2	23
15	Angebot für Übernahme einer Handelsvertretung	24
16	Bitte um Überarbeitung eines Angebots	25
17	Alternativangebot mit abweichender Qualität	26
18	Absage nach Angebotsvergleich	27
19	Antwort auf Ablehnung eines Angebots	28
20	Nachfassbrief nach abgelehntem Angebot	29
21	Antwort auf Bitte um Probelieferung	30
22	Probeauftrag	31
23	Auftrag	32
24	Bestätigung eines telefonisch erteilten Auftrags	33
25	Auftragsbestätigung gegen Akkreditiv	34
26	Angebot: Versicherung – Transport	35

Lieferkonditionen

		Seite
27	Versandanzeige	38
28	Garantieerklärung	39
29	Bitte um Proforma-Rechnung	40
30	Bitte um Änderung der Liefertermine	41
31	Antwort auf Bitte um Änderung der Liefertermine	42
32	Bitte um Änderung des Transportweges	43
33	Information über Lieferunfähigkeit	44

Zahlungskonditionen

34	Bitte um Verlängerung des Zahlungsziels	45
35	Kompromissvorschlag zur Verlängerung des Zahlungsziels	46
36	Bitte um Korrektur der Zahlungskonditionen	47
37	Ablehnung einer Bitte um Rabatt	48
38	Beschwerde wegen unberechtigten Skontoabzugs	49
39	Bitte um Korrektur einer fehlerhaften Rechnung	50

Bitte beachten Sie:
Bei den deutschen Brieftexten und Erläuterungen sind bereits die neuen deutschen Rechtschreibregeln berücksichtigt.

Reklamationen/ Reklamationsbearbeitung

		Seite
40	Reklamation wegen beschädigter Ware	52
41	Mängelrüge mit der Bitte um Ersatzlieferung	53
42	Beschwerde wegen schlechter Handwerksarbeit	54
43	Beschwerde – Androhung von Schadenersatz	55
44	Zwischenbescheid auf Reklamation	56
45	Angebot für Preisnachlass nach Reklamation	57
46	Akzeptanz eines Preisnachlasses nach Reklamation	58
47	Antwort auf Mängelrüge – Verwechslung	59
48	Reklamation wegen Lieferverzugs	60
49	Beschwerde wegen regelmäßiger Verspätungen	61
50	Antwort auf Lieferverzug	62
51	Entschuldigung wegen Lieferverzugs	63
52	Ablehnung einer Reklamation	64
53	Verlustanzeige an Transportunternehmen	65

Mahnungen

54	Erste Mahnung – freundlich	66
55	Erste Mahnung – neutral	67
56	Zweite Mahnung – guter Kunde	68
57	Zweite Mahnung – normaler Kunde	69
58	Dritte Mahnung – Alternative 1	70
59	Dritte Mahnung – Alternative 2	71

in Englisch — Inhalt

Verträge

		Seite
60	Vereinbarung einer Handelsvertretung	74
61	Begleitschreiben zum Vertragsentwurf	75
62	Vertrag über Transportversicherung	76
63	Bitte um Vertragsaufhebung	77
64	Kündigung eines Vertrags	78

Allgemeine Informationen

		Seite
65	Geschäftseröffnung anzeigen	79
66	Geschäftsaufgabe anzeigen	80
67	Änderung der Anschrift	81
68	Begleitbrief zum Geschäftsbericht	82
69	Ausscheiden eines Gesellschafters	83
70	Ankündigung eines neuen Vertreters	84
71	Ankündigung eines Besuchstermins	85
72	Bestätigung eines Besprechungstermins	86
73	Dank für Gastfreundschaft	87
74	Bitte um Vorschläge für Werbekampagne	88
75	Verlustanzeige für Kreditkarte	89
76	Schadensanzeige an Versicherung	90

Einladungen

		Seite
77	Einladung zum Firmenjubiläum	92
78	Einladung zur Messe	93
79	Dank für Einladung nachträglich	94
80	Dank für Einladung mit Terminbestätigung	95
81	Absage einer Einladung	96

Allgemeine Anfragen und Auskünfte

		Seite
82	Anfrage nach geeignetem Gesprächspartner	97
83	Anfrage zur Kreditwürdigkeit	98
84	Negative Auskunft zur Kreditwürdigkeit	99
85	Kreditantrag	100
86	Ablehnung eines Kreditwunsches	101
87	Anfrage wegen Auslandsstudiums	102
88	Anfrage an Seminarhotel	103

Personalkorrespondenz

		Seite
89	Stellenanzeige	106
90	Rundschreiben an das Personal	107
92	Lebenslauf – tabellarisch	108
91	Anschreiben zur Bewerbung	109
94	Zwischenbescheid auf Bewerbung	110
93	Absage auf Bewerbung	111
95	Arbeitszeugnis – positiv	112

Korrespondenz zu persönlichen Anlässen

		Seite
96	Glückwünsche zur Beförderung	113
97	Glückwünsche zum Jubiläum	114
98	Glückwünsche zum Geburtstag	115
99	Dank für langjährige Zusammenarbeit	116
100	Kondolenzschreiben	117

Anhang

	Seite
Die Gestaltung Ihres Briefes	120
Die richtige Anschrift und Anrede	125
Empfehlung der Deutschen Post	126
Zahlen	129
Maße und Gewichte	131
Einige Verhaltensregeln für Unterwegs	132
Interpunktion – die wichtigsten Regeln	136
Wichtige Abkürzungen	138
Tipps für den guten Sprachstil	140
Redewendungen	141
Tipps für Ihre Geschäftsverhandlung	142

Vorwort

Schon vor über 4 000 Jahren setzten sumerische und ägyptische Kaufleute ihre Briefe auf Stein- und Tontäfelchen. Der Geschäftsbrief ist seither immer noch das wichtigste Medium für jede Art geschäftlicher Kommunikation.

Kennen Sie die Freude, einen Brief zu empfangen? Es liegt nun am Geschick des Schreibers, dieses Ereignis durch treffende und gute Formulierung zu einem wahren Erlebnis zu machen, das kurze Zeitfenster zu nutzen, einen bleibenden Eindruck zu hinterlassen.

Ein auf Papier geschriebener und in einem Umschlag versandter Brief hat nach wie vor deutliche Vorteile gegenüber den elektronischen Medien. Er gilt als das sicherere, ehrlichere und handfestere Kommunikationsmittel. Wenn Sie persönlich unterschreiben, nimmt der Adressat auch etwas von der für Menschen unterschwellig so wichtigen Körpersprache wahr. Die Zeit, die Sie für die Formulierung verwenden, macht einen Brief wertvoll, der Umschlag gewährleistet eine gewisse Geheimhaltung, Diskretion, was den elektronischen Medien gänzlich abhanden kommt. Auch die Möglichkeit der Archivierung über Jahrzehnte – gar über Jahrhunderte – spricht dafür, im Zweifelsfall für Ihre Mitteilungen das Medium „Brief" einzusetzen.

Tiefenpsychologische Forschungen haben ergeben, dass diese Argumente für einen Brief in der Tat als Vorteil empfunden werden. Wenn Sie einen Brief schreiben, unterstreichen Sie Ihrem Kommunikationspartner gegenüber die Wichtigkeit der übertragenen Botschaft. Gleichzeitig haben diese Forschungsergebnisse gezeigt, was der Mensch als die größte Schwierigkeit des Briefes erfährt: Seine Erstellung.

Im Laufe der Jahrhunderte alten Briefgeschichte hat sich eine Vielzahl von Empfehlungen und ungeschriebenen Gesetzen entwickelt, die bis heute unseren Briefstil bestimmen. Es ist auffällig, dass in vielen Sprachen – besonders auch im Englischen – die Formulierungen für einen geschriebenen Brief noch deutlich von der gesprochenen Sprache abweichen. Die Lebendigkeit unserer Sprachen mit ihrer kontinuierlichen Entwicklung, die sich in Rechtschreibreformen niederschlägt, sorgt dafür, dass das Wagnis des geschriebenen Wortes bis in die jüngste Zeit spannend bleibt. Auch die praktische Seite, wie die Art der Papiernutzung, Position für Absender- und Empfängeradresse, Postleitzahl, Datum, Gebrauch von Überschriften und vieles mehr, ist ständigem Wandel ausgesetzt.

„Vorbildbriefe" sind so alt wie der Geschäftsbrief selbst, sie dienen zum Erlernen bestimmter Konventionen sowohl formal als auch inhaltlich. Eine wichtige Lücke auf dem Weg zur perfekten Geschäftskorrespondenz mit Großbritannien und anderen englischsprachigen Ländern schließen wir mit vorliegendem Buch „Die 100 wichtigsten Geschäftsbriefe in Englisch". Die vorgeschlagenen Formulierungen haben sich im Briefverkehr bewährt und können von ihren Empfängern sofort eindeutig aufgefaßt und verstanden werden. Wir haben die Musterbriefe auch auf Diskette gespeichert, um Ihren Zeitaufwand für die Nutzung auf ein Minimum zu reduzieren. Die Deutsche Post AG und ihre Partnerunternehmen auf der ganzen Welt sind für Sie der Garant dafür, dass das erfolgreichste Kommunikationsmittel der Vergangenheit mit höchster Qualität und Schnelligkeit Sie auch ins nächste Jahrtausend begleiten wird.

Möge Ihnen dieses Buch bei der Erreichung Ihrer geschäftlichen Ziele ein zusätzlicher und oft verwendeter Begleiter sein.

Uwe R. Dörken
Direktor Internationale Post
Deutsche Post

Anleitung

Das enthält dieses Handbuch und so können Sie es bei der täglichen Korrespondenz nutzen!

In diesem Handbuch sind Muster-Geschäftsbriefe für die wichtigsten Geschäftsvorfälle und Anlässe enthalten, die Sie im Rahmen Ihrer täglichen Korrespondenzabwicklung benötigen. Das Inhaltsverzeichnis gibt Ihnen einen Überblick über die Geschäftsbriefe. Wir haben dabei einen nach inhaltlichen Schwerpunkten geordneten Aufbau gewählt.

Es gibt folgende Rubriken:

Kontaktaufnahme / Anfragen:
Beim ersten Kontakt mit neuen Kunden oder Lieferanten machen Sie direkt einen guten Eindruck.

Angebote / Bestellungen
Bei Geschäftsanbahnung und -abschluss denken Sie an alle inhaltlich und rechtlich wichtigen Aspekte.

Lieferkonditionen
Anfragen und Änderungswünsche zu Lieferkonditionen und höfliche, aber bestimmte Antworten.

Zahlungskonditionen
So stellen oder beantworten Sie Anfragen nach einer Änderung der Zahlungskonditionen.

Reklamation und Reklamationsbearbeitung
Hier finden Sie Musterbriefe für die häufigsten Reklamationsgründe ebenso wie Texte, die den Kunden wieder für Ihr Unternehmen einnehmen.

Mahnungen
Von der freundlichen Zahlungserinnerung bis zur letzten Mahnung vor dem Mahnbescheid.

Verträge
Abschluss und Kündigung von Verträgen mit allen wichtigen Aspekten.

Allgemeine Informationen
Informationen über Organisationsänderungen, neue Mitarbeiter, Schadensanzeigen.

Einladungen und Absagen
Einladungen zu Betriebseröffnung und Messen und diplomatische Absagen.

Allgemeine Anfragen und Auskünfte
Anfrage nach vertraulicher Auskunft über Kunden, Anfrage an ein Seminarhotel.

Personalkorrespondenz
Von der Bewerbung bis zum Arbeitszeugnis.

Korrespondenz zu persönlichen Anlässen
Geburtstagsgrüße, Glückwünsche zu Jubiläen und Beförderungen, Kondolenzbrief

Anhang
Hier finden Sie wichtige Zusatzinformationen zum Layout eines englischen Geschäftsbriefs, zur richtigen Anschrift und Anrede, Tipps für persönliche Verhaltensregeln, wichtige Versandhinweise der Deutschen Post und vieles andere mehr.

Anleitung

Und so nutzen Sie die Arbeitshilfen in diesem Handbuch:

Suchen Sie anhand des Inhaltsverzeichnisses oder des Stichwortverzeichnisses die Nummer des benötigten Briefs. Sie finden:

- den perfekt formulierten Brief mit allen inhaltlich wichtigen Elementen
- die deutsche Übersetzung dazu im kleinen Rahmen.
- erläuternde Hinweise zu den entscheidenden Textpassagen und Formulierungen direkt neben dem Text
- ergänzende Informationen mit zu den Anlässen, dem Briefstil oder dem rechtlichen Hintergrund.

Darüber hinaus finden Sie im Anhang wichtige Informationen zum Layout eines englischen Geschäftsbriefs, zur richtigen Anschrift und Anrede, Tipps für persönliche Verhaltensregeln, wichtige Versandhinweise der Deutschen Post AG und vieles andere mehr.

So nutzen Sie die Software:

Alle Geschäftsbriefe in diesem Handbuch finden Sie auch auf der Diskette, die Sie der Innentasche auf der letzten Umschlagseite entnehmen. Sie installieren sie direkt auf Ihrem PC, wählen den passenden Brief aus und bearbeiten ihn anschließend mit Ihrem Textverarbeitungsprogramm.

Installation

Legen Sie die Diskette in das Laufwerk ein und wählen Sie im Windows-Programm-Manager **D**atei – **A**usführen (bzw. **S**tart – **A**usführen bei Windows 95). Geben Sie **a:\setup** ein.

Danach installiert sich das Programm automatisch auf Ihrem Rechner und legt das Programmsymbol „STS-Geschäftsbriefe Englisch" in der Programm-Gruppe „STS-Verlag" an.

Anwendung

Sie starten das Programm durch einen Doppelklick auf das Programmsymbol. Es erscheint der Eröffnungsbildschirm. Sie wählen die Übersicht über das Symbol <<Inhalt>> und kommen in das Hauptmenü, das Ihnen einen thematisch geordneten Zugriff auf die Musterbriefe ermöglicht. Dazu wurde der gleiche Aufbau der Briefgruppen gewählt wie im Handbuch selbst. Durch Anklicken einer Briefgruppe kommen Sie auf Untermenüs, in denen Sie die Briefe unter der entsprechenden Bezeichnung und Nummer aus dem Handbuch finden.

BEISPIEL: Sie sehen auf dem Bildschirm das Hauptmenü wie in Abb. 1 und wählen per Mausklick die Briefgruppe „Lieferkonditionen" aus. Dort wählen Sie den Brief „Bitte um Änderung der Liefertermine Nr. 30" aus (s. Abb. 2), indem Sie auf den entsprechenden Begriff klicken.
Danach wird Ihnen der Musterbrief angezeigt (s. Abb. 3).

Sie können den Musterbrief nun in Ihr Textverarbeitungsprogramm übernehmen:

Wählen Sie im Menü <<Bearbeiten>> den Befehl „Kopieren" aus. Das Dialogfeld <<Kopieren>> wird geöffnet. In diesem Fenster markieren Sie mit der Maus den ganzen Text oder den von Ihnen gewünschten Bereich. Klicken Sie danach auf die Schaltfläche Kopieren , um den markierten Teil in die Windows-Zwischenablage zu übernehmen.

Danach wechseln Sie in Ihre Textverarbeitung. Stellen Sie den Cursor an die von Ihnen gewünschte Stelle im bereits bestehenden Text, z. B. der Formatvorlage für Geschäftsbriefe. Nun übernehmen Sie den Brieftext aus der Windows-Zwischenablage, bei MS-Winword z. B. über die Befehlsfolge BEARBEITEN/EINFÜGEN. Jetzt können Sie den Text noch bearbeiten, formatieren etc.

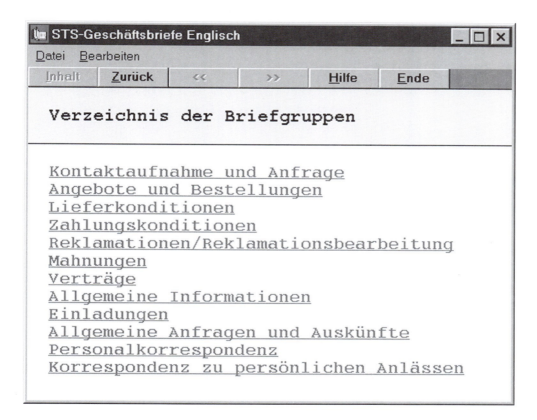

Abb. 1: Hauptmenü

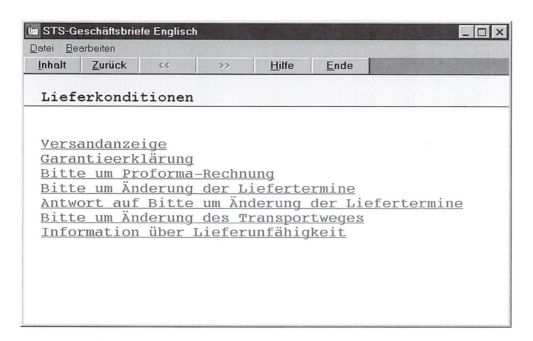

Abb. 2: Untermenü

Anleitung

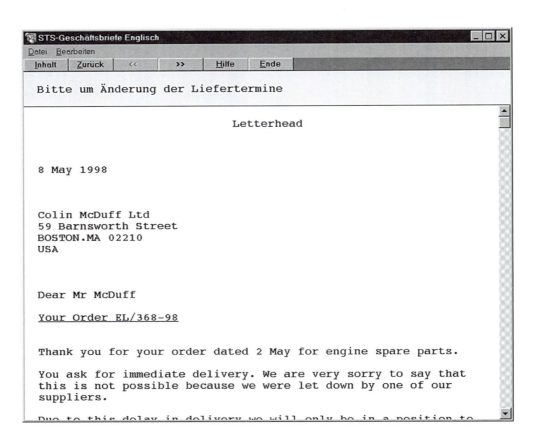

Abb. 3: Anzeige des Musterbriefs

Weitere Funktionen:

- Über die Schaltflächen `<<` und `>>` können Sie sich jeweils den vorherigen bzw. den nächsten Brief innerhalb einer geöffneten Briefgruppe anzeigen lassen.

- Über die Schaltfläche „Inhalt" kehren Sie in das Hauptmenü (s. Abb. 1) zurück.

- Über die Schaltfläche „Zurück" gehen Sie die eingesehenen Briefe in umgekehrter Reihenfolge durch.

- Über den Menüpunkt <<Thema drucken>> im Menü „Datei" wird der am Bildschirm angezeigte Text ausgedruckt, also z. B. das Inhaltsverzeichnis oder ein Brief.

Sie schließen die Anwendung über die Schaltfläche „Ende" oder durch den Befehl <<Beenden>> im Menüpunkt „Datei".

Systemvoraussetzung

- IBM/AT- oder kompatible PCs ab 80386 Prozessor
- MS-Windows ab Version 3.1 und Windows 95
- Festplattenspeicher empfohlen ca. 3 MB
- Hauptspeicher empfohlen ab 4 MB
- Diskettenlaufwerk HD-Format 3,5 Zoll und 1,44 Mbyte
- Windows-Textverarbeitungsprogramm

Kontaktaufnahme – Bestellung

Kontaktaufnahme und Anfrage

		Seite
1	Werbebrief an neuen Kunden – Vorschlag 1	10
2	Werbebrief an neuen Kunden – Vorschlag 2	11
3	Anfrage nach Übernahme einer Handelsvertretung	12
4	Flyer – Beilage bei Direct-Mail-Aktion	13
5	Bitte um Angebot an Kunden gegen Provision	14
6	Nachfassbrief an inaktiven Kunden – Vorschlag 1	15
7	Nachfassbrief an inaktiven Kunden – Vorschlag 2	16
8	Nachfassbrief – Angebot einer Präsentation	17
9	Bitte um Vertreterbesuch	18
10	Unverlangt zugesandtes Angebot	19

Angebote und Bestellungen

		Seite
11	Bitte um Kostenvoranschlag	20
12	Kostenvoranschlag	21
13	Angebot auf Anfrage – Vorschlag 1	22
14	Angebot auf Anfrage – Vorschlag 2	23
15	Angebot für Übernahme einer Handelsvertretung	24
16	Bitte um Überarbeitung eines Angebots	25
17	Alternativangebot mit abweichender Qualität	26
18	Absage nach Angebotsvergleich	27
19	Antwort auf Ablehnung eines Angebots	28
20	Nachfassbrief nach abgelehntem Angebot	29
21	Antwort auf Bitte um Probelieferung	30
22	Probeauftrag	31
23	Auftrag	32
24	Bestätigung eines telefonisch erteilten Auftrags	33
25	Auftragsbestätigung gegen Akkreditiv	34
26	Angebot: Versicherung – Transport	35

1 Werbebrief an neuen Kunden
– Vorschlag 1

Letterhead

July 5, 1998

Dear Madam,
Dear Sir,

<u>I am confident</u> that you will not hesitate to take advantage of our unusually favorable introductory offer for a super slim scanner with the ultimate power of true color scanning.

Our four-color leaflet, enclosed, will give you an idea of its advantages and perfect functions.

<u>ScanMax will save you a lot of working hours per week</u> - just one click and your ScanMax integrates your document management functions: scanning, filing, faxing, copying, and e-mailing. ScanMax is great!

Just plug your ScanMax into your computer's printer port and start right away.

Don't hesitate - <u>Save big money</u> - Order now!

Faithfully yours,

Sprechen Sie Ihren potenziellen Kunden direkt an

Stellen Sie die Vorzüge Ihres Produktes heraus

Regen Sie zum Kauf an

Sehr geehrte Damen und Herren,

nutzen Sie unser ungewöhnlich günstiges Einführungsangebot für einen superschlanken Scanner mit Spitzenleistung im Farbscanning.

Der beigelegte vierfarbige Prospekt gibt Ihnen einen Einblick über die Vorteile und perfekten Funktionen von ScanMax.

ScanMax spart Ihnen eine Menge Arbeitszeit pro Woche – nur ein Klick und Ihr ScanMax übernimmt die Dokumentenverwaltung: scannen, speichern, faxen, kopieren und E-Mail senden. ScanMax ist toll!

Schließen Sie Ihren ScanMax am Druckerport Ihres PCs an und legen Sie sofort los.

Zögern Sie nicht - Sparen Sie gutes Geld - Bestellen Sie jetzt!

Mit freundlichen Grüßen

Auch im direkten Import ist ein starker Trend zur Zunahme vorhanden, in vielen Fällen wird eine Einkaufsniederlassung oder ein Importlager eingeschaltet werden müssen. Der indirekte Import erfolgt über Außenhandelsunternehmen, besonders wenn der Bedarf nur zeitweilig und in relativ kleinen Mengen gegeben ist.

Grundformen des Außenhandels sind der Export, der Import und der Transithandel. Beim direkten Export, der überwiegt, besteht der direkte Kontakt zum Kunden im Ausland. Beim indirekten Export verkauft der deutsche Exporteur an einen deutschen Außenhändler, er beschränkt damit seine „Exporttätigkeit" auf die Bereitstellung der Ware und überlässt sämtliche Kosten und Risiken der eigentlichen Distribution.

Werbebrief an neuen Kunden
– Vorschlag 2: Persönliches Anschreiben

Letterhead

June 21, 1998

Mr. Carl Wadsworth
17 Park Lane
CAMBRIDGE
MASSACHUSETTS
USA

Dear Mr. Wadsworth,

WE HAVE THE LOWEST CAR PRICES AROUND.

You have probably heard of the possibility of buying a car in an EU country and shipping it to the USA for less than the car costs at any dealer's in your hometown.

You must have heard of „direct factory outlets", where cars are sold at wholesale prices as they roll off the assembly line.

This is your chance to buy a car at the lowest possible price. What more could you wish for?

We also buy new cars from European dealers when they go out of business and sell them at least 20% below showroom prices. This is a tough price to beat.

Why spend more on a new Mercedes or BMW when you can save big money with us?

We are open 24 hours a day for you. Just give us a call or fax us to learn more about your chance to buy the best cars at the lowest prices.

Cordially yours,

Wir bieten die niedrigstmöglichen Autopreise

Sehr geehrter Herr Wadsworth,

wahrscheinlich haben Sie auch schon gehört, dass es billiger ist, wenn Sie ein Auto in einem EU-Land kaufen und in die USA überführen, als wenn Sie das gleiche Auto bei einem Händler in Ihrer Heimatstadt kaufen.

Sicher haben Sie schon von den „Fabrik-Verkäufen" gehört, wo Autos zm Großhandelspreis verkauft werden, sobald sie vom Fließband rollen.

Dies ist Ihre Chance ein Auto zum niedrigstmöglichen Preis zu erwerben. Was wollen Sie mehr?

Wir kaufen auch neue Autos von europäischen Händlern, die sich aus dem Geschäft zurückziehen, und verkaufen diese Autos mindestens 20 % unter Verkaufsraumpreis. Dieser Preis ist kaum zu schlagen.

Warum sollten Sie mehr Geld für einen neuen Mercedes oder BMW ausgeben, wenn Sie mit uns viel Geld sparen können?

Wir haben für Sie 24 Stunden pro Tag geöffnet. Rufen Sie uns einfach an oder faxen Sie uns, wenn Sie mehr darüber erfahren wollen, wie Sie die besten Autos zu den niedrigsten Preisen kaufen können.

Mit freundlichen Grüßen

Formulieren Sie knapp, schlagfertig

Stellen Sie die Vorteile klar heraus

Sprechen Sie Ihre Kunden direkt an

Beim Transithandel erfolgt die Warenlieferung nicht unmittelbar zwischen Exporteur und Importeur, sondern über einen Transithändler in einem dritten Land.

3 Anfrage
nach Übernahme einer Handelsvertretung

Letterhead

Our ref.: re/sw
2 April 1998

United Marketing Services PLC
183-7 Copwood Road
LONDON
N12 9PR
Great Britain

Dear Sir or Madam,

Re : YOUR ADVERTISEMENT IN THE MARKETING REVIEW

I learned from The Marketing Review that you are interested in representing British companies in the Far East.

We are not yet represented in this area. Last year, we commissioned a market research institute to investigate the market there for sales of our products. The results of the study were highly encouraging, and we are therefore now looking for a representative in this region.

The Marketing Review wrote very highly of your achievements as a new start-up company, so I think that we could co-operate successfully.

Before I take any further steps, could you please let me have some references and a list of the companies which you represent?

Please mail or fax me the references, together with the name and telephone number of a contact with whom I can discuss the project in detail.

Yours faithfully,

Encls.

Ihre Anzeige in „The Marketing Review"

Sehr geehrte Damen und Herren,

aus The Marketing Review erfuhr ich, dass Sie Interesse haben, britische Unternehmen im Fernen Osten zu vertreten.

Bis jetzt sind wir in dieser Gegend noch nicht vertreten. Letztes Jahr beauftragten wir ein Marktforschungs-Institut, eine Studie zu erstellen, ob der Markt für unsere Waren günstig wäre. Die Ergebnisse waren sehr ermutigend. Aus diesem Grund suchen wir nun eine Vertretung in diesem Gebiet.

The Marketin Review schrieb sehr positiv von Ihren Leistungen als einem neuen aufstrebenden Unternehmen. Deshalb denke ich, dass wir erfolgreich zusammenarbeiten könnten.

Ehe wir weitere Schritte unternehmen, könnten Sie uns bitte einge Referenzen und eine Liste der Unternehmen, die Sie vertreten, zusenden?

Bitte senden oder faxen Sie mir die Referenzen zusammen mit dem Namen und der Telefonnummer eines Gesprächspartners, mit dem ich dieses Projekt durchsprechen kann.

Mit freundlichen Grüßen

Anlage

Teilen Sie mit, woher Sie die Anschrift haben

Geben Sie stichhaltige Gründe für Ihr Engagement an

Geben Sie Ihre Gründe für den Kooperationswunsch an

Bitten Sie um aussgefähige Referenzen

Flyer – 4
Beilage bei Direct-Mail-Aktion

Where can you find

- classic Bavarian jackets
- authentic Bavarian leather shorts and breeches
- luxurious Bavarian Cashmeres
- stylish Bavarian leisurewear
- gorgeous Bavarian lambswool
- super Bavarian accessories
- stunning Bavarian cardigans
- traditional Bavarian jewellery
- charming Bavarian children's wear
- and formal Bavarian dress?

In London of course!

Head for The Bavarian House in Knightsbridge and on Oxford Street, where you will find the cream of Bavarian merchandise.

Fabulous fabrics.
Children have their own Hop Shop.
And there are gifts galore.

If you can't make it to either place, simply write for our catalogue and select the best of Bavaria at home.

Wo finden Sie

- klassische bayerische Jacken
- echte bayerische Lederhosen und -kniebundhosen
- luxuriöse bayerische Sachen aus Kaschmirwolle
- modische bayerische Freizeitkleidung
- großartige bayerische Sachen aus Schurwolle
- tolle bayerische Accessoires
- fantastische bayerische Strickwesten
- traditionellen bayerischen Schmuck
- bezaubernde bayerische Kinderkleidung
- offizielle bayerische Kleidung?

In London natürlich!

Gehen Sie zu The Bavarian House.
In Knightsbridge und Oxford Street.
Hier finden Sie das Beste an bayerischen Artikeln.

Fantastische Stoffe.
Kinder haben ihre eigene Abteilung.
Und Geschenke im Überfluss.

Falls Sie zu keinem der beiden Orte kommen, fordern Sie einfach unseren Katalog an – und wählen Sie das Beste aus Bayern bei Ihnen zu Hause aus.

Durch – rhetorische – Fragen wecken Sie Aufmerksamkeit

Sprechen Sie Ihre Kunden direkt an

Weisen Sie auch auf Ihren Katalog hin

Bilanz = *balance sheet*
Anlagevermögen = *fixed assets*
Umlaufvermögen = *current assets*
Zu-/Abgänge = *additions/disposals*
Abschreibung = *depreciation*
Geschäftsjahr = *business (or fiscal) year*

Eigenkapital = *stockholders´ equity, net worth, equity capital*
Gesamtvermögen = *total assets*
Verbindlichkeiten = *liabilities*
Fremdkapital = *debt, (outside) capital*
Forderungen = *receivables*

5 Bitte um Angebot an Kunden
gegen Provision

Letterhead

April 2, 1998

Kitchen Expertise
185 Madison Avenue
NEW YORK, N.Y.
10016
USA

Dear Ladies and Gentlemen,

A long-term customer of ours requires a large amount of cooking utensils. As we do not stock these articles, we would like to ask you to forward an appropriate offer to him, referring to our company. We would appreciate it if you could let us have a copy of your offer.

We would like to suggest a commission of 10% for our efforts. Please let us know whether you are in a position to supply these items, and if you agree to the commission which we have suggested.

We will let you have the company's name and address as soon as we receive a positive answer from you.

Looking forward to hearing from you as soon as possible

Faithfully yours,

Sehr geehrte Damen und Herren,

einer unserer langjährigen Kunden benötigt eine große Anzahl an Kochgeräten. Da wir diese Artikel nicht führen, möchten wir Sie bitten, ihm ein passendes Angebot zu unterbreiten, mit Bezugnahme auf unser Unternehmen. Wir bitten Sie um eine Abschrift Ihres Angebotes.

Für unsere Bemühungen möchten wir eine Provision von 10 % vorschlagen. Bitte teilen Sie uns mit, ob Sie in der Lage sind, diese Artikel zu liefern, und ob Sie der von uns vorgeschlagenen Provision zustimmen.

Sobald wir eine positive Antwort von Ihnen haben, geben wir Ihnen Namen und Anschrift des Unternehmens bekannt.

Bitte setzen Sie sich mit uns umgehend in Verbindung.

Mit freundlichen Grüßen

Bitten Sie in jedem Fall um eine Angebotskopie

Nennen Sie Ihre Provision, bitten Sie um Zustimmung, lassen Sie sich diese bestätigen

Halten Sie auf jeden Fall bis zu einer Vereinbarung Namen und Adresse des Kunden zurück

---

Die Zahlungsbedingungen (*terms of payment*) werden in der Regel vom Verkäufer vorgeschlagen und vom Käufer bei Auftragserteilung bestätigt oder einvernehmlich vereinbart. Üblich sind:

Vorauskasse (*cash in advance*), z. B. *cash with order/CWO* = Barzahlung bei Auftrag
Übergabe gegen Zahlung (*payment on receipt of goods*), z. B. *cash on delivery/COD* = Nachnahme, Zahlung bei Lieferung

Nachfassbrief an inaktiven Kunden 6
– Vorschlag 1

Letterhead

6 February 1998

Felix Mair GmbH
Postfach 673
Lahnweg 25

D-40219 Düsseldorf

Dear Mr Mair,

I am most surprised that we have not had an order from you <u>since</u> last March. As you were always a regular customer of ours, and since I am not aware of ever having received a complaint from you, I am at a loss to understand why you have ceased ordering from us.

The most common reasons for discontinuing business are, of course, unreasonably high prices, inferior quality and delayed delivery.
I am really not aware of having caused you dissatisfaction in any of these respects. If, nevertheless, you have found any reason to find fault with <u>my delivery or service, please let me know.</u>

Yours sincerely,

Sehr geehrter Herr Mair,

es überrascht mich, dass wir seit letztem März keine Aufträge von Ihnen erhielten. Da Sie stets ein Stammkunde von uns waren und da Sie auch keine Beschwerden äußerten, kann ich mir nicht erklären, warum Sie uns keine Aufträge mehr erteilen.

Die häufigsten Gründe für ein Einstellen der Geschäftsbeziehung sind natürlich überhöhte Preise, schlechte Qualität und verspätete Lieferung. Ich bin mir wirklich nicht bewusst, Sie in dieser Hinsicht enttäuscht zu haben. Sollten Sie dennoch mit meinen Lieferungen oder meinem Service unzufrieden sein, lassen Sie es mich bitte wissen.

Mit freundlichen Grüßen

---

since = seit, bezogen auf einen Zeitpunkt; z. B. since last week, since May, since 1997, etc.
for = seit, bezogen auf einen Zeitraum; z. B. for one year, for a long time, for two weeks, etc.

Laden Sie zur Kommunikation ein

Zahlung nach Übergabe (*payment after delivery*), z. B. *spot cash* = sofort Kasse
Vereinbarung eines Zahlungsziels (*30 days net*), z. B. *10 days 2%/less 2% cash discount for payment within 10 days*

Auslandsgeschäfte werden oft mit einem Akkreditiv (*Letter of Credit/LC*) gesichert oder auf der Basis Dokumente gegen Kasse/Akzept (*documents against payment/acceptance*) abgewickelt.

7 Nachfassbrief an inaktiven Kunden
– Vorschlag 2

Letterhead

7 Sept 1998

Mrs Alice Hill
104 Bayswater Road
LONDON
W1R 3WD
Great Britain

Dear Mrs Hill,

Have we done anything wrong?

It is twelve months since you last had your Fiat in for maintenance. Although we sent you two notes to inform you that your car was due for a service, you have not been back since.

We are starting to think you are avoiding us.

If you have a complaint - whatever it might be - please do not hesitate to tell us.

We will do our utmost to make you fully satisfied with our service.

If you have a particular reason for not coming in, please feel free to let us know on the stamped addressed card enclosed.

You may rest assured that we can repair any Fiat ever made, so there's really no reason for not having your car checked by us.

Yours sincerely,

Mit einer Frage sprechen Sie Ihren Partner sehr direkt an und regen zum Nachdenken an

Sprechen Sie die Gefühlsebene an, Menschen sind auf dieser Ebene sehr gut erreichbar

Legen Sie eine vorbereitete und frankierte Rückantwort bei um den Grund zu erfahren

---

Sehr geehrte Frau Hill,

haben wir etwas falsch gemacht?

Das letzte Mal hatten Sie Ihren Fiat vor 12 Monaten bei uns zur Wartung. Obwohl wir Ihnen zwei Mitteilungen zusandten um Sie zu informieren, dass Ihr Wagen zur Wartung fällig war, waren Sie seitdem nicht mehr hier.

Wir vermuten langsam, dass Sie uns meiden.

Sollten Sie eine Beschwerde haben - was auch immer - lassen Sie es uns bitte wissen.

Wir werden alles Mögliche tun, um Sie mit unserer Leistung voll zufriedenzustellen.

Bitte verwenden Sie die freigemachte Antwortkarte, um uns mitzuteilen, warum Sie uns nicht aufgesucht haben.

Sie können sicher sein, dass wir mit jedem Fiat, der je gebaut wurde, umgehen können, es gibt also keinen Grund, Ihren Fiat nicht bei uns durchchecken zu lassen.

Mit freundlichen Grüßen

Lautet die Anrede *Dear Mr Miller* oder *Dear Gary*, enthält sie also eine direkte Anrede, lautet der formelle Schluss im Englischen stets *Yours sincerely.*

Nachfassbrief 8
– Angebot einer Präsentation

Letterhead

17 June 1998

Your ref.: wx/653

Our ref.: enq/785/98

Import Services Ltd.
6 Winsley Road
LONDON
W1N 7AQ
Great Britain

Dear Sir or Madam,

Your enquiry dated 30 April this year

As you showed such an interest in our new machines and expressed a desire to have the new models demonstrated in the course of this month, we are surprised to note that you have taken no further action.

If there is any special reason for your not wishing to receive further details, please let us know on the stamped addressed card enclosed. We shall be pleased to have our representative, Mr Brian Moore, call on you at your convenience in order to clear up any misunderstandings and to provide you with any information you may require.

We look forward to hearing from you.

Yours faithfully,

Ihre Anfrage vom 30. April d. J.

Sehr geehrte Damen und Herren,

nachdem Sie ein nachdrückliches Interesse an unseren neuen Maschinen gezeigt haben und Ihrem Wunsch Ausdruck verliehen haben, die Maschinen im Laufe dieses Monats vorgeführt zu bekommen, bin ich überrascht, dass Sie keine weiteren Schritte unternommen haben.

Sollte es irgendwelche besonderen Gründe dafür geben, dass Sie keine weiteren Einzelheiten erfahren möchten, lassen Sie es uns auf der beigelegten frankierten Karte wissen. Wir veranlassen gerne, dass unser Vertreter, Herr Brian Moore, sich zu einem Ihnen angenehmen Zeitpunkt mit Ihnen in Verbindung setzt, um Missverständnisse auszuräumen und Ihre Fragen zu beantworten.

Gerne hören wir wieder von Ihnen.

Mit freundlichen Grüßen

Als gewinnorientierter Kaufmann haken Sie natürlich exakt nach

Legen Sie einen Fragebogen bei

Das deutsche Wort „tragen" wird je nach Bedeutung unterschiedlich wiedergegeben:
tragen (Lasten, z.. B. Koffer) = *carry*
tragen (Kosten) = *bear*
tragen (ertragen) = *bear, endure*
tragen (Kleidung) = *wear*
tragen (Risiko) = *take the risk*
tragen (Verantwortung) = *be responsible*

9 Bitte um Vertreterbesuch

Letterhead

31 March 1998

Our ref.: 66/ws

Ms Donna Clark
Software & Training
PO Box 341
CAMBRIDGE
CB2 3EU
Great Britain

Dear Ms Clark,

Thank you for your letter of 28 March, enclosing a catalogue and price-list.

We are very much interested in your range of products. Our attention was especially drawn to the printers on pages 67 and 72. We feel that they might sell very well in our stores.

We would appreciate it if your representative could call on us to talk more about your range.

Yours sincerely,

Bedanken Sie sich für die vorhergehende Korrespondenz

Spezifizieren Sie Ihr Interesse

Bitten Sie um Vertreterbesuch

Sehr geehrte Frau Clark,

vielen Dank für Ihren Brief vom 28. März sowie den Katalog samt Preisliste.

Ihre Produktpalette interessiert uns sehr. Unser Augenmerk richtete sich besonders auf die Drucker auf S. 67 und 72. Wir sind der Ansicht, dass sie sich in unseren Läden sehr gut verkaufen ließen.

Wir wären Ihnen dankbar, wenn Ihr Vertreter uns besuchen könnte, um uns über Ihr Angebot umfassender zu informieren.

Mit freundlichen Grüßen

Das Verb „call" hat in Verbindung mit Präpositionen sehr unterschiedliche Bedeutungen:

call on = besuchen
call out = laut ausrufen
call in = zu einem Besuch einladen
call off = annullieren, absagen

Unverlangt zugesandtes Angebot   10

Letterhead

Our ref.: enq-w/k-98

3 February 1998

The Manager
Portuguese Shoes Ltda
Rua dos Santos, 35
P-1300 Lisboa
PORTUGAL

Dear Sir/Madam,

We are writing to you at the recommendation of the Portuguese Chamber of Commerce, who informed us that you were looking for a buying agent for ladies' shoes in Germany.

As buying agents with more than ten years' experience in this trade, we have excellent connections with the major manufacturers, both here and overseas.

If we may, we would like to give you a brief outline of our terms.

Generally speaking, we place orders with our suppliers on behalf of our principals, and our customers settle directly with the manufacturer. Additionally, we arrange all costs, insurance and transport facilities for our clients, handling consignments from the factory to the port/airport or the importer's country.

As we have been in this business for quite a few years now, we can offer you highly competitive terms for shipment. Additionally, we would take care of all documentation, including customs formalities.

Our conditions are 5.5 per cent commission on c.i.f. values. If a credit is involved we could offer del credere services for an additional 3.5 per cent commission, pending the usual enquiries.

If you are interested in this offer we can assure you that our services are first-rate and highly efficient. Please do not hesitate to contact us for more information.

Please find enclosed our brochure with full details of our company.

We are looking forward to hearing from you in due course.

Yours faithfully,
Encl.

Sehr geehrte Damen und Herren,

wir schreiben Ihnen auf Empfehlung der Portugiesischen Handelskammer, die uns informierte, dass Sie einen Einkäufer für Damenschuhe in Deutschland suchen.

Wir sind seit mehr als zehn Jahren in diesem Geschäft tätig und haben ausgezeichnete Kontakte als Einkäufer mit den wichtigsten Herstellern sowohl hier als auch in Übersee.

Wir geben Ihnen gerne eine kurze Darstellung der Bedingungen, zu denen wir arbeiten.

Im allgemeinen erteilen wir Aufträge für unsere Klienten bei unseren Lieferanten und unsere Kunden rechnen direkt mit den Herstellern ab. Zusätzlich kümmern wir uns um alle Kosten, Versicherung und Transport für unsere Klienten, indem wir für den Transport von der Fabrik bis zum Hafen/Flughafen oder dem Land des Importeurs sorgen.

Wir können Ihnen äußerst günstige Transportpreise anbieten, da wir seit vielen Jahren in dieser Branche tätig sind. Zusätzlich kümmern wir uns für Sie um alle Dokumente, einschließlich Zoll.

Unsere Bedingungen sind 5,5 % Provision für c.i.f. Aufträge. Ist ein Zahlungsziel enthalten, können wir Ihnen einen del credere Service für zusätzliche 3,5 % Provision anbieten.

Wenn Sie an diesem Angebot interessiert sind, können Sie unserer erstklassigen und hocheffizienten Dienstleistungen sicher sein. Bitte zögern Sie nicht, uns wegen weiterer Informationen zu kontaktieren.

Beigefügt finden Sie unsere Broschüre, die Ihnen vielfältige Details unseres Unternehmens mitteilt.

Wir freuen uns, bald wieder von Ihnen zu hören.
Mit freundlichen Grüßen
Anlage

Teilen Sie mit, von wem Sie die Anschrift haben

Machen Sie auf Ihre Leistungen aufmerksam

Teilen Sie Ihre Konditionen mit – das schafft Klarheit

Laden Sie zur Antwort ein

Das deutsche Wort „Technik" wird im englischen Sprachgebrauch wie folgt verwendet:

Technik (abstrakt wissenschaftlich) = *technology*
Technik (Studienfach) = *engineering*
Technik (typische Arbeitsweise) = *technique*

11 Bitte um Kostenvoranschlag

Letterhead

12 May 1998

The Manager
KEY-A Shopfitters Ltd.
41-46 Piccadilly
LONDON
W1V OBD
Great Britain

Dear Madam/Sir,

Request for an estimate

We are opening a new branch of Park Lane Car Rentals in Jermyn Street in February '99 and would like to ask you to send someone along to give us an estimate for a complete refit.

You can easily see from the plans which our architect has drawn up that the premises were formerly used as a supermarket and would need extensive renovation work, such as installing counters, windows and doors, as well as reflooring and rewiring.

The work would have to be completed by the end of January '99, and it would be essential to sign a contract to that effect.

If you are interested in carrying out this work, please contact our Managing Director, Mr John Stevens, on 0145 58 ext. 449 to arrange an appointment.

Yours faithfully,

Encl.

Bitte um Kostenvoranschlag

Sehr geehrte Damen und Herren,

wir eröffnen im Februar 99 eine neue Zweigstelle der Park Lane Car Rentals in der Jermyn Street. Wir bitten Sie daher, uns einen Ihrer Mitarbeiter zu senden, der uns einen Kostenvoranschlag für eine komplette Renovierung auszuarbeiten.

Aus den Plänen unseres Architekten können Sie ersehen, dass die Geschäftsräume früher als Supermarkt genutzt wurden und dass umfangreiche Erneuerungsarbeiten anstehen, wie etwa der Einbau von Beratungsschaltern, Fenstern, Türen, Neuverlegen von Bodenbelägen und elektrischen Leitungen.

Die Arbeiten müßten bis Ende Januar 1999 beendet sein und es wäre wichtig, einen diesbezüglichen Vertrag zu unterzeichnen.

Falls Sie an diesem Auftrag interessiert sind, setzen Sie sich bitte mit unserem Geschäftsführer, Herrn John Stevens, unter 0 45 58-449 in Verbindung, um einen Termin zu vereinbaren.

Mit freundlichen Grüßen

Anlage

Skizzieren Sie die anstehenden Arbeiten/Dienstleistungen

Falls Sie Pläne beilegen, kann der Partner die Arbeiten leichter einschätzen

Bestehen Sie auf einem Vertrag, um die Verbindlichkeit festzulegen

---

Exports Credits Guarantee Department (ECGD) ist eine Regierungsbehörde für Exportbürgschaften in Großbritannien zur Exportförderung, die Garantien für Exportgeschäfte gewährt. Diese Aufgabe wird in Deutschland von der Hermes Kreditversicherung AG im Auftrag des Bundes wahrgenommen.

Kostenvoranschlag 12

Letterhead

October 1998

Our ref.: 98/ws/412

John Bedgeman
P.O. Box 3313
SYDNEY NSW 20001
Australia

Dear John,

QUOTATION

I am sending you our new quotation as requested. Please note that it is <u>valid only for four weeks</u> from date of this letter.

Weisen Sie auf eine zeitliche Begrenzung des Kostenvoranschlags hin

After having checked your special requirements, I believe that our RX/17 is <u>the press you need</u>. It offers <u>top processing speeds</u> and meets the highest quality standards.

Gehen Sie auf Kundenwünsche ein

You will find particulars as to price and technology on the attached sheet. The price is calculated f.o.b. Hamburg and <u>includes the usual seaworthy packaging.</u>

Beschreiben Sie, was im Preis enthalten ist

Please call or send me a fax if you need further information or assistance.

Cordially yours,

Angebot

Lieber John,

du erhältst – wie erbeten – unser neues Angebot. Bitte beachte, dass es nur vier Wochen ab Datum dieses Briefs gilt.

Nachdem ich deinen besonderen Bedarf überprüft habe, glaube ich sicher, dass unsere RX/17 die Presse ist, die du benötigst – sie bietet eine Spitzen-Bearbeitungszeit und erfüllt die höchsten Qualitätsansprüche.

Du findest Einzelheiten zu Preis und Technik auf dem beigelegten Blatt. Der Preis ist auf der Basis f.o.b. Hamburg kalkuliert und beinhaltet die übliche seefeste Verpackung.

Bitte rufe mich an oder sende ein Fax, falls du weitere Informationen oder Hilfe benötigst.

Herzliche Grüße

Im Englischen gibt es kein Adjektiv, das dem deutschen „genial" entspricht:

of genius = genial, talentiert
ingenious = geschickt, erfinderisch
brilliant = glänzend, hervorragend
inspired = künstlerisch inspiriert
show a stroke of genious = einen genialen Einfall haben

Deutsch „Preis" wird im Englischen wiedergegeben mit:

price = Preis, den man bezahlt
prize = Preis, den man gewinnt
fare = Fahrpreis
be in demand = hoch im Preis stehen
at all costs = um jeden Preis

21

13 Angebot auf Anfrage
– Vorschlag 1

Letterhead

Your ref.: RQ-98/wh
Our ref.: of-98-kl

21 February 1998

Kevin Kleine GmbH
Der Stoffmarkt
Karl-Zahn-Str. 31

D-44141 Dortmund

Dear Mr Kleine,

Your enquiry dated 15 February 1998

Thank you very much for your recent enquiry about our fabrics. Further to your letter we are glad to supply you with a collection of our samples as requested. Please also find enclosed the export price-list for all the materials we manufacture.

We are highly interested in exporting to Germany and would therefore be pleased to receive a trial order so that we can demonstrate our efficiency.

We assure you that our prices are the lowest possible on the basis of the annual requirement stated.

Should you have any queries please do not hesitate to contact us.

Yours sincerely,

Encls.

Bedanken Sie sich für das Interesse an Ihren Erzeugnissen

Bekunden Sie Interesse

Bitten Sie um einen Probeauftrag

Zeigen Sie die Vorteile der Kooperation mit Ihnen auf

Ihre Anfrage vom 15. Februar 1998

Sehr geehrter Herr Kleine,

herzlichen Dank für Ihre letzte Anfrage bezüglich unserer Stoffe. Wir freuen uns, Ihnen eine Musterauswahl wie erbeten zur Verfügung zu stellen. Beigefügt finden Sie die Exportpreisliste für alle Materialien, die wir herstellen.

Wir sind höchst interessiert nach Deutschland zu liefern und wären daher sehr erfreut einen Probeauftrag zu erhalten, mit dem wir unsere Leistungsfähigkeit demonstrieren können.

Wir versichern Ihnen, dass wir Ihnen auf der Grundlage der angegebenen Jahresbedarfsmenge den niedrigstmöglichen Preis bieten.

Sollten Sie irgendwelche Fragen haben, setzen Sie sich bitte mit uns in Verbindung.

Mit freundlichen Grüßen

Anlagen

Deutsch „brauchen" wird im Englischen wiedergegeben mit:

use = benutzen, verbrauchen, gebrauchen
need = nötig haben
take time = Zeit brauchen
need not = nicht brauchen, nicht müssen

Deutsch „ziemlich" wird wiedergegeben mit :
quite = ziemlich (immer verwendbar)
pretty = ziemlich (beträchtlich)
fairly = ziemlich (leicht positive Bedeutung)
rather = ziemlich (leicht negative Bedeutung)
„rather" kann auch im positiven Sinne verwendet werden, es ist dann stärker als „fairly",
z. B. „*The film was rather good*" ist eine positivere Aussage als „*The film was fairly good*".

Angebot auf Anfrage 14
– Vorschlag 2

Letterhead

2 June 1998

Your ref.: off/8763
Our ref.: BL/st

Ron's Car Rental
P.O. Box 38
COBHAM
KT1 3BT
Great Britain

Dear Mr Snyder,

Many thanks for your letter of 25 May enquiring about our range of office furniture. I am enclosing a catalogue together with a price-list, quoting c.i.f. terms London.

We produce our furniture using the highest quality materials. It is all fully guaranteed for two years.

We are not in a position to allow credit terms, as our profit margins are small due to our highly competitive prices. We are, however, prepared to allow a discount of two per cent for payment within ten days.

Once again, thank you for your interest in our company. Please do not hesitate to contact us if you require further information.

Yours sincerely,

Encls.

Sehr geehrter Herr Snyder,

vielen Dank für Ihr Schreiben vom 25. Mai, in dem Sie nach unserem Sortiment Büromöbel anfragen. Ich lege Ihnen einen Katalog zusammen mit einer Preisliste und den Bedingungen c.i.f. London bei.

Für die Herstellung unserer Möbel verwenden wir beste Materialien, auf alle gewähren wir zwei Jahre umfassende Garantie.

Wir sind nicht in der Lage, Zahlungsziele zu vereinbaren, denn unsere Gewinnspannen sind wegen der höchst wettbewerbsfähigen Preise sehr gering. Wir sind jedoch bereit, einen Rabatt von zwei Prozent für Zahlung innerhalb von 10 Tagen einzuräumen.

Nochmals vielen Dank für Ihr Interesse an uns, bitte setzen Sie sich mit uns in Verbindung, falls Sie weitere Informationen wünschen.

Mit freundlichen Grüßen

Anlage

Weisen Sie auf Ihren hohen Qualitätsstandard hin

Ihre Preise sind günstig – im Englischen ist ein derartiger Hinweis üblich.

Machen Sie ein Angebot mit Nachlass

Das Verb „to look" hat in Kombination mit Präpositionen verschiedene Bedeutungen:

look after = sich kümmern um
look at = betrachten, ansehen
look forward to = sich freuen auf
look into = sich einer Sache annehmen
look up = nachschlagen (z. B. Telefonbuch)

15 Angebot
für Übernahme einer Handelsvertretung

Letterhead

Bayleys & Berkeley Ltd.
Posh Sportswear
229 Crawford Street
LONDON
W1H 1AF
Great Britain

Dear Sir/Madam,

Teilen Sie mit, von wem Sie die Adresse haben

I received your address from the New Delhi Chamber of Commerce.

Weisen Sie auf Ihre Erfahrungen hin

I have been working in the sportswear field for a number of years, and I am very interested in representing you and selling your articles in the Bombay area. Please let me know if you are interested in exporting your articles to India.

Informieren Sie über Ihre Leistungsfähigkeit

I currently represent some companies of great renown here in India. I may mention that I enjoy above-average sales results. I employ a well-trained and efficient sales staff, and also have adequate storage facilities and means of transportation.

If you are interested in being represented in India, I am sure that you would be satisfied with my services.

Legen Sie Prospekte, Broschüren etc. bei

I enclose a brochure and further details of my organisation for your information.

I look forward to your early reply.

Yours faithfully,

Sehr geehrte Herren,

Ihre Adresse erhielt ich von der Handelskammer in Neu Delhi.

Seit vielen Jahren bin ich im Sektor Sportkleidung tätig und ich bin sehr interessiert, Sie im Bezirk Bombay zu vertreten und Ihre Artikel zu verkaufen. Bitte teilen Sie mir mit, ob Sie interessiert sind, Ihre Artikel nach Indien zu exportieren.

Derzeit vertrete ich einige Unternehmen von höchstem Ansehen hier in Indien. Ich möchte ebenfalls erwähnen, dass ich überdurchschnittliche Verkaufsergebnisse erziele. Ich verfüge über ein gut geschultes und leistungsfähiges Verkaufsteam ebenso wie angemessene Lagerkapazitäten und Transportmöglichkeiten.

Für den Fall, dass Sie daran interessiert sind, in Indien vertreten zu sein, bin ich sicher, dass ich sehr gut für Sie tätig sein könnte.

Zu Ihrer Information lege ich Ihnen eine Broschüre und weitere Details meiner Organisation bei.

Ihrer umgehenden Antwort sehe ich entgegen.

Mit freundlichen Grüßen

Wichtige Unternehmensformen:
- → die Einzelfirma – *sole proprietorship (BE sole trader)*
- → eine Art Personengesellschaft – *partnership*
- → eine Art Kapitalgesellschaft – *corporation* (beinhaltet auch: *registered associations, foundations, co-operatives*, etc.)
- → Offene Handelsgesellschaft (OHG) = *General Commercial Partnership (Co.)*
- → Kommanditgesellschaft (KG) = *Limited Commercial Partnership (Ltd.)*

Bitte um Überarbeitung
eines Angebots

Letterhead

June 1, 1998

Harper & Sons Inc.
P.O. Box 35122
LOS ANGELES, CA
900001
USA

Dear Sir or Madam,

YOUR OFFER DATED MAY 15

Thank you very much for your offer dated May 15 of this year. We are pleased to inform you that your quality and colors meet with our expectations.

We are, however, sorry to have to inform you that several firms in your area offer the same type of denims at a considerably lower price:

Your offer   100 denims, type Rancher, $3,500

Competitor's offer   100 denims, same quality, $3,000

As our business relations with you have always been very pleasant, we would like to purchase the denims from your company.

If this is possible, please send us an amended offer giving all details of payment, date of delivery, guarantee etc. by return.

Thank you very much

We look forward to hearing from you soon.

Faithfully yours,

Ihr Angebot vom 15. Mai

Sehr geehrte Damen und Herren,

vielen Dank für Ihr Angebot vom 15. Mai d. J. Wir freuen uns, Ihnen mitzuteilen, dass Ihre Qualität und Ihre Farben unseren Erwartungen entsprechen.

Bedauerlicherweise müssen wir Sie jedoch informieren, dass einige Firmen in Ihrem Gebiet die gleiche Art von Denims zu einem bemerkenswert günstigeren Preis anbieten.

Ihr Angebot   100 Denims, Typ Rancher, $ 3.500

Mitbewerber   100 Denims, gleiche Qualität, $ 3.000

Da unsere Geschäftsverbindung immer sehr angenehm war, möchten wir die Denims von Ihnen kaufen.

Wenn es möglich ist, senden Sie uns bitte umgehend ein überarbeitetes Angebot, das alle Einzelheiten hinsichtlich Zahlung, Liefertermin, Garantie usw. enthält.

Vielen Dank.

Gerne hören wir wieder von Ihnen.

Mit freundlichen Grüßen

Beziehen Sie sich auf ein vorhergehendes Angebot

Stellen Sie die fraglichen Angebote gegenüber

Bitten Sie um ein neues Angebot

→ *Ltd.* = *Limited Company* (GmbH)
→ *... & Co.* = *... and Company* (manchmal ist der Partner ein Mitglied der Familie, z. B. Tochter oder Sohn)
→ *PLC* = *Public Limited Company* (AG)
→ *Inc* = Incorporated (amerikanische Form der "Limited")
→ *Pty* = *Proprietary* (australisches und südafrikanisches Pendant zur PLC)

17 Alternativangebot
mit abweichender Qualität

Letterhead

12 April 1998

T. M. Lewin & Sons Ltd.
109 Colston Street
BRISTOL
BS1 5AQ
Great Britain

Dear Madam or Sir,

Your enquiry dated 9 April

We read your enquiry of 9 April with great interest. Unfortunately we must inform you that we do not manufacture low-quality merchandise of the kind which you wish to order.

We are sending you a sample under separate cover, and would appreciate your confirmation if this is the quality you have in mind.

Should you only be able to accept the quality you request in your sales programme, we would be able to supply you in approximately 3 months' time.

Before we can give you a firm offer we need to know exactly what quantity you require. We will forward our offer to you as soon as we have this information.

We look forward to hearing from you with further details.

Yours faithfully,

Teilen Sie klar mit, dass Sie die gewünschte Qualität nicht herstellen

Versuchen Sie von Ihren Standards zu überzeugen

Bitten Sie um exakte Angaben zur Erstellung eines Angebots

Ihre Anfrage vom 9. April

Sehr geehrte Damen und Herren,

wir lasen Ihre Anfrage vom 9. April mit großem Interesse. Unglücklicherweise müssen wir Ihnen mitteilen, dass wir keine Ware niedriger Qualitätsstufe, so wie Sie sie bestellen möchten, herstellen.

Mit gesonderter Post senden wir Ihnen ein Muster und würden uns über Ihre Bestellung freuen, wenn es die Qualität aufweist, die Sie meinen.

Sollten Sie nur die Qualität, die Sie mit Ihrem Verkaufsprogramm angefragt haben, akzeptieren können, wären wir in der Lage, in etwa 3 Monaten zu liefern.

Ehe wir Ihnen ein festes Angebot geben können, müssen wir genau wissen, welche Menge Sie benötigen. Sobald wir diese Information haben, werden wir unser Angebot abgeben.

Wir sehen Ihrer Antwort mit weiteren Details entgegen.

Mit freundlichen Grüßen

- → GmbH = *Limited Liability Company*
- → AG = *(Stock) Corporation*
- → Gesellschaft des bürgerlichen Rechts (GdbR) = *Civil Law Partnership*
- → Gelegenheitsgesellschaft = *Ad Hoc* (or: *Special*); *Partnership*
- → Arbeitsgemeinschaft = *Joint Venture Group*
- → Teilhaber (OHG) = *Ordinary Partner*
- → Komplementär = *General Partner* (haftet persönlich)
- → Kommanditist = *Limited Partner* (haftet nur mit seiner Einlage)

Absage nach Angebotsvergleich 18

Letterhead

May 16, 1998

Hayes & Company
P.O. Box 455
LOUISVILLE KY
19091-0001
USA

Dear Ladies and Gentlemen,

Thank you very much for your offer dated May 9 and the enclosed patterns.

We have compared your offer carefully with that of our regular supplier and are sorry to say that his quotation is more favorable. We are therefore not able to place an order with you.

We are returning your patterns under separate cover.

Faithfully yours,

Drücken Sie Ihr Bedauern aus

Begründen Sie Ihre Absage

Sehr geehrte Herren,

vielen Dank für Ihr Angebot vom 9. Mai und die beigefügten Muster.

Wir haben Ihr Angebot sorgfältig mit dem unseres ständigen Lieferanten verglichen und bedauern, Ihnen mitteilen zu müssen, dass sein Angebot günstiger ausfällt. Aus diesem Grund sind wir nicht in der Lage, Ihnen den Auftrag zu erteilen.

Wir senden Ihre Muster mit separater Post zurück.

Mit freundlichen Grüßen

Dem Großhandel (*wholesale trade*) ebenso wie dem Einzelhandel (*retail trade*) wird oft oberflächlich nachgesagt, er erfülle keine produktive Aufgabe (*productive function*), er sei ein reiner Verteilerdienst (*distributive service*). Nehmen wir einen Einzelhändler (*retailer*), so muss er mehr oder weniger das ganze Sortiment (*the whole range of goods*) auf Lager haben (*to keep in stock*) und das Wichtigste im Schaufenster (*shop-window, show-window*) ausstellen (*display*).

19 Antwort
auf Ablehnung eines Angebots

Your ref.: Lo/qui-98
Our ref.: 20-98-whk

March 16, 1998

Royland Inc.
1212 Horley Lane
WASHINGTON, D.C.
20719
USA

Dear Ladies and Gentlemen,

Many thanks for your letter of March 10, and for your interest in our products.

We regret, however, to have to inform you that we are not in a position to supply you with the goods you requested. We have streamlined our range of products over the past few years, and as a result we do not manufacture the articles you request.

However, we have excellent relations with a manufacturer who would be able to supply you with these goods. Please find his address on the attached slip. We are sure that he can supply you with an appropriate range of products.

We have, however, taken the liberty of enclosing our illustrated catalog in order to enable you to gather an overall impression of our range of products. We are among the best-known manufacturers of these products worldwide.

Please do not hesitate to contact us should you be interested in any of these articles and we will send you a detailed offer by return.

Sincerely yours,

Encls.

Sehr geehrte Damen und Herren,

vielen Dank für Ihr Schreiben vom 10. März und für das Interesse an unseren Produkten.

Leider müssen wir Ihnen jedoch mitteilen, dass wir nicht in der Lage sind, Ihnen die gewünschten Waren zu liefern. Während der letzten Jahre haben wir unser Sortiment gestrafft, deswegen stellen wir die Artikel, nach denen Sie anfragen, nicht her.

Wir haben jedoch ausgezeichnete Verbindungen zu einem Hersteller, der in der Lage wäre, Sie mit diesen Waren zu beliefern. Sie finden seine Anschrift auf dem beigelegten Zettel. Wir sind sicher, dass Sie von ihm ein passendes Angebot erhalten.

Wir haben uns erlaubt, Ihnen unseren illustrierten Katalog beizulegen, um Ihnen einen Gesamteindruck unseres Angebots zu geben. Wir gehören zu den renommiertesten Herstellern dieser Produkte - weltweit.

Sollten Sie an irgendeinem dieser Artikel interessiert sein, bitte setzen Sie sich mit uns in Verbindung, wir senden Ihnen umgehend ein ausführliches Angebot.

Mit freundlichen Grüßen

Anlagen

Ehe Sie zur Sache kommen, sollten Sie einen Einleitungssatz formulieren, der zur Sache hinführt

Zeigen Sie sich verbindlich, bieten Sie Ihre Hilfe an

Werben Sie für Ihre eigenen Produkte

Bevor Sie den Brief schließen, formulieren Sie einen freundlichen Abschlußsatz

---

Produce bezeichnet eher das Produzieren von Nahrungsmitteln, hingegen meint manufacture das Produzieren industrieller Erzeugnisse.

Nachfassbrief
nach abgelehntem Angebot

Letterhead

August 20, 1998

Your ref.: we/6443

Our ref.: an/sl

John Blake & Co.
88 Appleton Street
PROVIDENCE, PA
18098
USA

Dear Ladies and Gentlemen,

We are very sorry indeed to see from your letter of August 22 that you did not find our offer attractive enough to place an order with us.

You will undoubtedly agree that an offer by post can only represent a very limited selection from our wide range of qualities, patterns, and colors. We have therefore informed our representative for your area, Mr. George Bishop, of your enquiry. He will be calling on you within the next few days. We would be much obliged if you could permit him to introduce our complete collection to you. We are sure that you will find a lot of patterns and qualities suitable for your customers' requirements.

We have just bought the entire stock of ChinChinellas and can offer you these outstanding qualities at advantageous prices. Why not take a look at them? Mr. Bishop will be proud to introduce you to our collection, and you will see the difference that 50 years' experience in the trade makes.

Faithfully yours,

Bedauern Sie die Nicht-Berücksichtigung Ihres Angebotes

Stellen Sie die Vorzüge Ihrer Ware dar

Bitten Sie um einen Termin zur Präsentation Ihrer Ware

Weisen Sie auf mögliche Sonderangebote hin

Sehr geehrte Herren,

wir bedauern es sehr, aus Ihrem Schreiben vom 22. August zu erfahren, dass Sie unser Angebot nicht attraktiv genug finden, um uns einen Auftrag zu erteilen.

Sie werden uns sicherlich zustimmen, dass ein Angebot per Post nur eine sehr begrenzte Auswahl aus unserer breiten Palette an Qualitäten, Mustern und Farben darstellen kann. Aus diesem Grund haben wir unseren Vertreter für Ihr Gebiet, Herrn George Bishop, von Ihrer Anfrage informiert. Er wird Sie in den nächsten Tagen besuchen. Wir wären Ihnen sehr verbunden, wenn Sie ihm die Chance gäben, Ihnen unsere gesamte Kollektion zu präsentieren - wir sind sicher, dass Sie eine Menge Muster finden, die den Wünschen Ihrer Kunden entsprechen.

Wir haben soeben das gesamte Lager von ChinChinellas aufgekauft und können Ihnen diese herausragenden Qualitäten zu vorteilhaften Preisen anbieten. Warum sollten Sie sie nicht ansehen? Herr Bishop freut sich darauf, Ihnen unsere Kollektion vorzuführen und Sie werden den Unterschied erkennen, den 50 Jahre Geschäftserfahrung mit sich bringen.

Mit freundlichen Grüßen

Das deutsche Wort „Land" wird im Englischen übersetzt mit:

land = Grundbesitz, Land (im Gegensatz zu Wasser)
go ashore = an Land gehen
country = Land (Staat)
country = Land (Gegensatz zu Stadt)

21 Antwort auf Bitte um Probelieferung

Letterhead

11 September 1998

Zambia Silver Mines Ltd.
P.O. Box 32216
LUSAKA
Zambia

Dear Sir or Madam,

Bedauern Sie die Unmöglichkeit der Probelieferung

We are very sorry to inform you that we do not make trial shipments.

Bieten Sie Informationen über Ihre Waren an

Our products have gained an outstanding reputation in many countries. We therefore hope that you understand our decision not to make trial shipments. We are however enclosing clippings from renowned trade magazines concerning the outstanding quality of our products. You are welcome to view our display of samples at any time at our branch in Nuremberg.

Zeigen Sie Vorteile für den Interessenten auf

We are of course interested in exporting to your country, and are therefore prepared to allow you an introductory discount of 6.5% on our regular prices for the first 3 shipments.

Fordern Sie zur Aktion auf

Please let us know whether you are willing to enter into an agreement on the basis mentioned above.

We look forward to hearing from you again soon.

Yours faithfully,

Encls.

Sehr geehrte Damen und Herren,

wir bedauern sehr, Ihnen mitzuteilen, dass wir keine Probelieferungen vornehmen.

In vielen Ländern haben unsere Erzeugnisse einen herausragenden Ruf erworben. Wir hoffen deshalb, dass Sie unsere Entscheidung, keine Probelieferungen auszuführen, verstehen werden. Wir legen jedoch Ausschnitte aus renommierten Wirtschaftsmagazinen bei, die die herausragende Qualität unserer Produkte betreffen. Sie sind jederzeit willkommen, unsere Musterausstellung in unserer Zweigniederlassung in Nürnberg zu besuchen.

Natürlich sind wir daran interessiert, in Ihr Land zu exportieren, deswegen sind wir bereit, Ihnen einen Einführungsrabatt von 6,5 % auf den regulären Preis für die ersten drei Lieferungen zu gewähren.

Bitte teilen Sie uns mit, ob Sie bereit sind, eine Vereinbarung auf der vorerwähnten Grundlage zu schließen.

Wir sehen Ihrer Antwort mit Interesse entgegen.

Mit freundlichen Grüßen

Anlagen

Probeauftrag 22

Letterhead

Your ref.: SX 1945
Our ref.: 56-ordo-981

21 May 1998

Mr Kalil Singh
4 F Lan Fong Road
KOWLOON
Hongkong

Dear Mr Singh,

Your quotation dated 15 April 1998

Referring to your offer dated 15 April 1998, we are pleased to place the following trial order with you:

a) 150 silk shirts, plain white, catalogue no. 6743, Size L, Price HK $ 30 each

b) 100 silk shirts, blue, catalogue no. 6741, Size M, Price HK $ 28 each

c) 75 silk shirts, striped white/blue, catalogue no. 6831, Size L, Price HK $ 35 each.

Each item packed in cellophane

As agreed, this order is subject to our approval of a sample of each item, which we will need a.s.a.p. I would like to point out that, in the event of our order being confirmed, you should arrange transport of the shirts by airfreight to Munich. Terms of payment L/C.

I look forward to hearing from you soon.

Yours sincerely,

Ihr Angebot vom 15. April 1998

Sehr geehrter Herr Singh,

wir beziehen uns auf Ihr Angebot vom 15. April und freuen uns, Ihnen folgenden Probeauftrag zu erteilen:

a) 150 Seidenhemden, rein weiß, Katalog-Nr. 6743, Größe L, Preis HK $ 30 pro Stück

b) 100 Seidenhemden, blau, Katalog-Nr. 6741, Größe M, Preis HK $ 28 pro Stück

c) 75 Seidenhemden, weiß und blau gestreift, Katalog-Nr. 6831, Größe L, Preis HK $ 35 pro Stück.

Jeder Artikel in Zellophan verpackt.

Wie vereinbart, ist der Auftrag abhängig von unserer Zustimmung zu einem Muster jeder Position, das wir so bald wie möglich benötigen. Ich möchte darauf hinweisen, dass, falls der Auftrag bestätigt wird, Sie den Transport der Hemden per Luftfracht nach München veranlassen. Zahlung durch Eröffnung eines Akkreditivs.

Ich freue mich auf Ihre baldige Antwort.

Mit freundlichen Grüßen

---

each = jede/r/s einzelne/r/s aus einer bestimmten Menge, every = jeder allgemein, z. B. every child knows ..., any = jede/r/s beliebige z. B. in any case ...

Abkürzung für as soon as possible

Das deutsche Wort „wenn" wird im Englischen mit *"if"* und *"when"* wiedergegeben. Beide können oft ohne großen Bedeutungsunterschied nebeneinander gebraucht werden:
What do you do when/if.../When/if you want to cancel, press this button ... Vor *when* bzw. *if* steht in der Regel kein Komma.
Nicht austauschbar sind *when* und *if* in folgenden Bedeutungen: *When* hat mit zeitlichen Festlegungen zu tun – *When I arrive I will...* – im Deutschen kann es mit sobald wiedergegeben werden. *If* bezeichnet eine Bedingung – deutsch falls, im Falle, dass *"What happens if...?"* Beachten Sie den Bedeutungsunterschied: *I'll tell him when I see him* (sobald ich ihn treffe) und *I'll tell him if I meet him* (...falls ich ihn treffe)

23 Auftrag

Letterhead

March 12, 1998

Our ref.: CH/f

American Paper Company Inc.
1066 Third Avenue
NEW YORK, NY
10088
USA

Attn.:   Order Manager

ORDER

We saw your advertisements in the
latest issue of "Modern Printing",
and would like to place the following order with you:

5,000 letterheads to match style 1214	$ 384.50
5,000 envelopes to match style 7643	$ 455.00
3,000 second sheets, catalog no. 768	$ 205.20
Total	$ 1,044.70
Less 5% bulk discount	$ 52.24
Net amount due	$ 992.46

Please find enclosed our check for $992.46. Please send the office products to our branch at the address listed below.

Sincerely yours,

Encl.

Auftrag

Sehr geehrter Leiter der Auftragsabteilung,

wir sahen Ihre Anzeigen in der letzten Ausgabe von „Modern Printing" und möchten Ihnen folgenden Auftrag erteilen:

5.000 bedruckte Briefbögen wie Muster 1214	$ 384,50
5.000 Umschläge wie Muster 7643	$ 455,00
3.000 zweite Seiten, Katalog-Nr. 768	$ 205,20
Summe	$ 1.044,70
./. 5 % Mengenrabatt	$ 52,24
Fälliger Nettobetrag	$ 992,46

In der Anlage erhalten Sie unseren Scheck über $ 992,46. Bitte senden Sie die Büromaterialien an unsere Filiale mit der unten angegebenen Adresse.

Mit freundlichen Grüßen

Anlage

Nützliche Redewendungen bei Telefonaten:

Speaking – am Apparat
Are you ready – *Yes, go ahead/start right away*
Sind Sie bereit – fangen wir an
Have you got that – *Yes, that`s quite clear*
Haben Sie mich akustisch verstanden – ja, das ist ganz in Ordnung

Could you read it/that back to me, please? – *Certainly ...*
Könnten Sie mir das bitte nochmals vorlesen? Sicher...
Have I got that right?
Habe ich Sie akustisch richtig verstanden?
Sorry, I didn`t quite catch that
Das habe ich leider nicht ganz verstanden

Bestätigung 24
eines telefonisch erteilten Auftrags

Letterhead

20 June 1998

Thos Webb & Sons
32 Hatton Garden
LONDON
EC1N 8DT
Great Britain

Dear Mr Webb,

We enclose purchase order No. 654 in confirmation of our order which we placed with you over the phone this morning.

As agreed, delivery is to be effected no later than 1 July.

We are relying on you to see that this order is executed promptly and in accordance with our instructions.

Yours sincerely,

Encl.

Sehr geehrter Herr Webb,

wir fügen den Auftrag Nr. 654 bei, um unsere Bestellung, die wir Ihnen heute vormittag telefonisch erteilt haben, zu bestätigen.

Wie weiter vereinbart, darf die Lieferung nicht später als bis zum 1. Juli erfolgen.

Wir verlassen uns auf Sie, dass dieser Auftrag pünktlich und in Übereinstimmung mit unseren Anweisungen ausgeführt wird.

Mit freundlichen Grüßen

Anlage

Bestätigen Sie Ihren telefonischen Auftrag

Weisen Sie nochmals auf Liefertermine etc. hin

Could you say it again, please?
Könnten Sie das bitte wiederholen?
Could you speak up a bit, please?
Könnten Sie bitte etwas lauter sprechen?
Could you spell that/your name, please?
Könnten Sie das/Ihren Namen bitte buchstabieren?
I'm sorry, this line is bad/poor.
Tut mir leid, die Verbindung ist wirklich schlecht.

Could you put me through to ... , please?
Können Sie mich bitte mit ... verbinden?
I'm afraid she/he isn't in/at her/his desk at the moment.
Tut mir leid, sie/er ist momentan nicht hier/am Platz.

25 Auftragsbestätigung
gegen Akkreditiv

Letterhead

2 December 1998

Ana Conda S.E.
Casila Correo
AREQUIPA
PERU

Dear Madam, Dear Sir,

Your order no. AC/129

Thank you very much for your order, which reached us through our representative, Mr. Umberto Gil.

The goods you ordered are now being prepared for shipment.

Mr Gil informed us that you would arrange payment by Irrevocable Letter of Credit in our favour, to be valid until 31 October 1998.

As soon as the credit has been confirmed, the goods will be packed and shipped according to your instructions.

Yours faithfully,

Ihr Auftrag AC/129

Sehr geehrte Damen und Herren,

vielen Dank für Ihren Auftrag, der uns durch unseren Vertreter, Herrn Umberto Gil, zuging.

Die von Ihnen bestellte Ware wird im Moment versandfertig gemacht.

Herr Gil informierte uns, dass Sie die Zahlung durch ein unwiderrufliches Akkreditiv zu unseren Gunsten, gültig bis 31. Oktober 1998, vornehmen werden.

Sobald das Akkreditiv bestätigt ist, werden die Waren verpackt und entsprechend Ihren Anweisungen versandt.

Mit freundlichen Grüßen

Bedanken Sie sich für den Auftrag

Weisen Sie darauf hin, dass Sie erst versenden, wenn das Akkreditiv bestätigt wurde

---

Das Akkreditiv (*Letter of Credit, L/C*) ist ein Zahlungsmodus bei Auslandsgeschäften, bei dem sich eine Bank verpflichtet, dem Verkäufer einer Ware bei termintreuer Vorlage der vom Käufer vorgeschriebenen Dokumente zum Nachweis des Versands der Ware einen festgelegten Betrag auszuzahlen. Durch dieses Zug-um-Zug-Verfahren ist sicher, dass der Käufer tatsächlich die bestellte Ware erhält und der Verkäufer gewiss sein kann, dass die Zahlung wie vereinbart erfolgt.

Angebot: Versicherung – Transport 26

Letterhead

Your ref.: IPT/03
Our ref.: ms-ws

4 November 1998

Ludwig Kagerer OHG
Archivstr. 22

D-73728 Esslingen

Dear Mr Kagerer,

Thank you very much for your letter of 25 October, in which you requested information regarding insurance cover for your shipments of heavy machinery to South America.

We offer two types of policies which seem to be suitable for your individual requirements:

1) An open cover policy in which the shipper informs the underwriter when shipment is effected. The policy is renewed after each shipment.

2) A floating policy which will cover all shipments up to a maximum amount. It is renewed whenever it is necessary to remain legally effective.

Please find enclosed two forms. I would be grateful if you could complete them with details of your shipments and destinations. I will then contact several underwriters for a premium quotation.

Please do not hesitate to contact us if you need any further information.

Yours faithfully,

Encl.

Sehr geehrter Herr Kagerer,

vielen Dank für Ihr Schreiben vom 25. Oktober. Sie fragten nach Informationen hinsichtlich eines Versicherungsschutzes für Ihre Sendung von Schwermaschinerie nach Südamerika.

Wir bieten zwei Arten von Versicherungspolicen an:

- eine Generalpolice, bei der der Versender den Versicherer informiert, wann der Versand vorgenommen wird; die Police wird nach jedem Versand erneuert.

- eine laufende Versicherung, sie deckt alle Transporte mit einem Höchstbetrag; um gesetzlich wirksam zu sein, wird sie immer erneuert, wenn dies notwendig ist.

Beigefügt finden Sie zwei Vordrucke. Ich wäre Ihnen dankbar, wenn Sie Einzelheiten Ihrer Transporte und Zielorte eintrügen. Ich nehme dann Kontakt mit verschiedenen Versicherern auf um das bestmögliche Angebot aussuchen zu können.

Bitte zögern Sie nicht mit uns in Verbindung zu treten, wenn Sie weitere Informationen benötigen.

Mit freundlichen Grüßen

Anlage

Beziehen Sie sich auf die Anfrage

Bieten Sie Alternativen an

Bei der kleinen Havarie/Teilhavarie (*particular average*) liegt eine Beschädigung an Schiff oder Ladung vor, die durch Sturm, Zusammenstoß oder zufällige Ereignisse eintrat, sie wird in der Regel vom Geschädigten getragen.

Bei der großen/gemeinsamen Havarie (*general average*) wird der eingetretene Schaden von allen Beteiligten gemeinsam getragen, wenn zur Abwendung eines noch größeren Schadens für Schiff und/oder Ladung Teile der Ladung oder die gesamte Ladung über Bord geworfen werden müssen.

Stecken Sie einfach alle in die Tasche!

Einfach! Praktisch!

Wissen Sie noch, wie man eine Bilanz liest? Suchen Sie nach Hilfsmitteln für alle Ihre Mitarbeiter und Kollegen, um Besprechungen effizienter zu gestalten? Kennen Sie die nötigen Schritte zur Vorbereitung Ihres Unternehmens auf den Euro?

All diese Fragen beantworten Ihnen die STS TaschenGuides – kurz, präzise, praxisbezogen.

Jeder TaschenGuide bietet Ihnen

- einen schnellen Einstieg
- kompaktes, leicht umsetzbares Know-how
- ein handliches, übersichtliches Format
- einen sensationell, günstigen Preis von nur 12,90 DM

Im Buchhandel erhältl[ich] oder direkt bei: STS Ve[rlag] Fraunhoferstr. 5, 82152 Planegg
Tel.: 089/89517-0
Fax: 089/89517-250

Liefer- und Zahlungskonditionen

Lieferkonditionen

		Seite
27	Versandanzeige	38
28	Garantieerklärung	39
29	Bitte um Proforma-Rechnung	40
30	Bitte um Änderung der Liefertermine	41
31	Antwort auf Bitte um Änderung der Liefertermine	42
32	Bitte um Änderung des Transportweges	43
33	Information über Lieferunfähigkeit	44

Zahlungskonditionen

		Seite
34	Bitte um Verlängerung des Zahlungsziels	45
35	Kompromissvorschlag zur Verlängerung des Zahlungsziels	46
36	Bitte um Korrektur der Zahlungskonditionen	47
37	Ablehnung einer Bitte um Rabatt	48
38	Beschwerde wegen unberechtigten Skontoabzugs	49
39	Bitte um Korrektur einer fehlerhaften Rechnung	50

27 Versandanzeige

Letterhead

15 March 1998

Singer & Sons plc
14 Victoria Street
LONDON
EC4X 1SH
Great Britain

Dear Mr Singer,

Your order No. 872

I have received confirmation of the opening of your letter of credit in our favour.

This morning we shipped the Stuart Crystals by rail which were ordered with your order No. 872 of 5 March.

You will find enclosed the bill of lading and invoice for your entire order. You will note from the invoice that we have allowed you a bulk discount of 10%.

We hope that the goods reach you in good condition and look forward to serving you again.

Yours sincerely,

Encl.

Bezeichnen Sie die betreffende Sendung genau

Teilen Sie das exakte Versanddatum mit

Informieren Sie über Rabatte o. ä.

Ihr Auftrag Nr. 872

Sehr geehrter Herr Singer,

ich erhielt die Bestätigung, dass Sie ein Akkreditiv zu unseren Gunsten eröffnet haben.

Heute vormittag sandten wir die Sendung Stuart Crystals, die Sie mit Auftrag Nr. 872 vom 5. März bestellten, per Bahn ab.

Beigefügt finden Sie das Konnossement und die Rechnung für Ihren gesamten Auftrag. Aus der Rechnung werden Sie ersehen, dass wir Ihnen einen Mengenrabatt von 10 % gewährt haben.

Wir hoffen, dass die Waren Sie in gutem Zustand erreichen und freuen uns, Ihnen wieder zu Diensten zu sein.

Mit freundlichen Grüßen

Anlagen

Der Scheck (*cheque* = GB, *check* = US) ist ein bargeldloses Zahlungsmittel. Der Aussteller (*drawer*) weist ein Geldinstitut (*bank*) als Bezogene (*drawee*) an, bei Vorlage aus seinem Guthaben einen bestimmten Geldbetrag auszuzahlen.

Der Barscheck (*open cheque/check*) kann bar ausgezahlt werden, der Verrechnungsscheck (*crossed cheque/check*) kann nur einem Konto des Einreichers gutgeschrieben werden.

Garantieerklärung 28

Warranty

The Company warrants each power drill <u>for a period of six months from the date of delivery</u>. Should any parts prove defective within this period, they should be returned to your local dealer, carriage paid. The producer will examine such items carefully and, if <u>the defect is due to faulty material or workmanship, will repair the defective article or supply a new one</u>, free of charge within six weeks.

Manchester, 18 May 1998

James R. Grieves
General Manager

Garantie

Das Unternehmen gewährt für jeden Elektrobohrer eine Garantie von sechs Monaten ab Lieferdatum. Sollten innerhalb dieser Zeitspanne Teile defekt werden, senden Sie sie bitte kostenfrei an Ihren örtlichen Händler. Der Hersteller wird die Teile sorgfältig prüfen. Falls die Reklamation auf fehlerhaftes Material oder fehlerhafte Ausführung zurückgeht, werden die defekten Teile innerhalb von sechs Wochen kostenfrei repariert oder durch neue ersetzt.

Manchester, 18. Mai 1998

Nennen Sie die Spanne, in der Garantie gewährt wird

Begrenzen Sie die Garantie auf fehlerhafte Teile, mangelhaften Zusammenbau usw.

Behalten Sie sich die Entscheidung vor, ob Sie ersetzen oder reparieren wollen

---

Eine Konsulatsfaktura (*consular invoice*) stellt das Konsulat des Bestimmungslandes der Ware im Land des Exporteurs aus und bestätigt auf einem besonderen Vordruck, dass der in der Rechnung ausgewiesene Betrag dem tatsächlichen Wert der Ware entspricht. Die Konsulatsfaktura dient zur Berechnung des Wertzolls, gegebenfalls ist sie auch im Zusammenhang mit einem Akkreditivgeschäft bei der Wareneinfuhr vorzulegen.

29 Bitte um Proforma-Rechnung

Letterhead

25 Feb 1998

Our ref.: XLC/334

Armstrong Ltd.
10-12 Main Street
SHEFFIELD
S1 2AB
Great Britain

Dear Sir/Madam,

PROFORMA INVOICE - OUR ORDER No. XLC/334 OUTBOARD ENGINES

In order to obtain an official import licence from the authorities and to open the L/C, we require a proforma invoice giving detailed price estimates and quantities.

We would appreciate it if you could send us this document by the end of this month at the latest.

We will effect delivery immediately on receipt of your proforma invoice.

Yours faithfully,

L/C = Letter of Credit (Akkreditiv)

Bitten Sie um baldige Übersendung

Weisen Sie darauf hin, dass Sie erst versenden, sobald Ihnen die Proforma-Rechnung vorliegt

---

Proforma-Rechnung - unser Auftrag Nr. XLC/334 - Außenborder

Sehr geehrte Herren,

um eine amtliche Einfuhrgenehmigung zu erhalten und ein Akkreditiv zu eröffnen, benötigen wir eine Proforma-Rechnung, die einen detaillierten Preisvoranschlag und die Liefermengen beinhaltet.

Wir wären Ihnen dankbar, wenn Sie uns dieses Dokument bis spätestens Ende dieses Monats zusenden könnten.

Nach Eingang Ihrer Proforma-Rechnung werden wir sofort ausliefern.

Mit freundlichen Grüßen

Eine Proforma-Rechnung (*pro-forma invoice*) wird benötigt:

→ im Binnenhandel als Rechnung für Waren, die erst nach Begleichung ausgeliefert werden

→ im Außenhandel als Angebot oder bei Geschäften auf Akkreditivbasis als Grundlage für dessen Gewährung

→ als Musterrechnung für einen Auslandsvertreter oder die Auslandsfiliale, auf deren Basis die Endpreise dargestellt werden

→ als vorläufige Rechnung an den Empfänger einer Warenlieferung zur Ansicht

Bitte um Änderung 30
der Liefertermine

Letterhead

May 8, 1998

Colin McDuff
59 Barnsworth Street
BOSTON, MA
02210
USA

Dear Mr. McDuff,

Your order No. EL/368-98

Thank you very much for your order dated May 2 for spare engine parts.

Bedanken Sie sich für den Auftrag

You ask for immediate delivery. We are very sorry to say, however, that this is not possible because we have been let down by one of our suppliers.

Teilen Sie den Grund für die Verzögerung mit

Due to this delay in delivery we will not be in a position to supply you with the goods ordered until the end of next week.

Bitten Sie um Entschuldigung/Verständnis

We would ask you to excuse this delay and assure you that your orders will be given preferential treatment in the future.

Sichern Sie zukünftig bevorzugte Behandlung zu

Sincerely yours,

Ihr Auftrag EL/368-98

Sehr geehrter Herr McDuff,

vielen Dank für Ihren Auftrag vom 2. Mai über Maschinen-Ersatzteile.

Sie bitten um sofortige Lieferung. Wir bedauern sehr, Ihnen mitteilen zu müssen, dass dies nicht möglich ist, da wir von einem unserer Lieferanten im Stich gelassen wurden.

Auf Grund dieses Lieferverzugs sind wir erst Ende nächster Woche in der Lage, Ihnen die bestellten Waren zu liefern. Wir möchten Sie bitten, diesen Verzug zu entschuldigen und sichern Ihnen zu, dass Ihre Aufträge in Zukunft bevorzugt behandelt werden.

Mit freundlichen Grüßen

Die Summe dessen, was eine Nation an Waren (goods) und Dienstleistungen (services) – meist gegen Entgelt (for consideration) erstellt, ist das Sozialprodukt (national product/output; GNP = Gross National Product = Bruttosozialprodukt).

Was für den einzelnen sein Individualeinkommen (individual income) ist, sei es Besitzeinkommen (property income) oder Arbeitseinkommen (income from employment) ist für die gesamte Nation das Volkseinkommen (national income).

31 Antwort auf Bitte
um Änderung des Liefertermins

Letterhead

August 9, 1998

Brainwork Computers
Ms. Pam Shriver
P.O. Box 76
AUSTIN, TX
74110
USA

Dear Ms. Shriver,

YOUR LETTER DATED AUGUST 4, 1998

Thank you very much for your abovementioned letter

You ask us to agree to your new delivery date on September 1 of this year. We very much regret that we are unable to accept a delay in the carrying out of our order until that date.

We naturally understand your problems. We must, however, insist on delivery by the 25 August at the latest. Should you be unable to comply with this, we would be compelled to stock up elsewhere. Should this cause us extra expenses we would have to charge these to you.

We look forward to your confirmation of the new delivery date.

Sincerely yours,

Bedanken Sie sich für das erhaltene Schreiben

Teilen Sie mit, ob Sie der Verschiebung des Liefertermins nicht zustimmen/zustimmen (z. B. ... we are prepared/ready/willing to accept your new delivery date ...)

Weisen Sie darauf hin, dass evtl. Mehrkosten vom Auftragnehmer zu tragen sind

Bitten Sie um Bestätigung des neuen Termins

Ihr Schreibesn vom 4. August 1998

Sehr geehrte Frau Shriver,

vielen Dank für Ihren oben erwähnten Brief.

Sie bitten uns Ihrem neuen Liefertermin 1. September d. J. zuzustimmen. Wir bedauern sehr, eine Verschiebung unserer Auftragsausführung bis zu diesem Zeitpunkt nicht akzeptieren zu können.

Wir verstehen natürlich Ihre Probleme, wir müssen jedoch auf Lieferung bis spätestens 25. August bestehen. Sollte das Ihrerseits nicht möglich sein, wären wir gezwungen uns anderweitig einzudecken. Sollten uns dadurch Mehrausgaben entstehen, würden wir Sie damit belasten müssen.

Mit freundlichen Grüßen

Much/Many/A lot of

Much (viel) wird mit nicht zählbaren Begriffen gebraucht, many mit zählbaren. Normalerweise werden much/many nur in verneinten und fragenden Sätzen verwendet, z. B. How many parcels did you send?/He didn't say much. A lot of wird sowohl mit zählbaren als auch nichtzählbaren Begriffen verwendet. In Aussagesätzen wird es much/many vorgezogen, z. B. There were a lot of people there.

Bitte um Änderung 32
des Transportweges

Letterhead

27 April 1998

Ms Polly Kane
86 Yeoman Street
CARDIFF
CF1 2JW
Great Britain

Dear Ms Kane,

Thank you very much for your letter dated 20 April

As our goods can only be transported in refrigerated lorries, we consider that the transport route suggested by you is too time-consuming, and therefore too expensive.

We are only prepared to make use of your offer if you are willing to agree fully to our requests as regards the route and mode of transportation.

Please let us know by return if you are willing to accept our proposals.

Yours sincerely,

Sehr geehrte Frau Kane,

vielen Dank für Ihr Schreiben vom 20. April.

Da unsere Waren nur in Kühlwagen transportiert werden können, sind wir der Ansicht, dass der von Ihnen vorgeschlagene Transportweg zu zeitaufwendig und damit zu teuer ist.

Wir sind nur bereit von Ihrem Angebot Gebrauch zu machen, wenn Sie bereit sind, unsere Anforderungen hinsichtlich des Transportwegs und -art uneingeschränkt zu akzeptieren.

Bitte teilen Sie uns umgehend mit, ob Sie bereit sind, unsere Vorschläge zu akzeptieren.

Mit freundlichen Grüßen

Weisen Sie auf bestimmte Notwendigkeiten der Versendeart hin

Geben Sie den Grund für die Wahl eines bestimmten Transportweges an

Bitten Sie um rasche Antwort

33 Information über Lieferunfähigkeit

Letterhead

8 May 1998

Our ref.:

Friedrich Grosser GmbH
Internationaler Buchhandel
Postfach 7 59

D-60550 Frankfurt/Main

Dear Mr Grosser,

Your order no. EL/368-98

Thank you for your order dated 2 May for Canadian literature for intermediate level students.

You ask for immediate delivery. We are sorry to say that these books are not available at the moment.

However, we are in the process of publishing a new series in the autumn. Please find attached a list of books published and our current catalogue.

Yours sincerely,

Encls.

Ihr Auftrag EL/368-98

Sehr geehrter Herr Grosser,

vielen Dank für Ihren Auftrag vom 2. Mai für kanadische Literatur für Studenten mit mittlerem Kenntnisstand.

Sie baten um sofortige Lieferung. Es tut uns leid, Ihnen mitzuteilen, dass diese Bücher im Moment nicht lieferbar sind.

Wir veröffentlichen jedoch eine neue Serie im Herbst. Beigefügt erhalten Sie eine Liste der Bücher, die veröffentlicht werden und unseren aktuellen Katalog.

Mit freundlichen Grüßen

Anlagen

Die wichtigsten Incoterms sind:

EXW (Munich) = Ex Works, beziffert die Kosten für die Ware und Verpackung
FAS (Hamburg) = Free Alongside Ship, beziffert alle Kosten für den Transport bis Hafen Hamburg
FOB (Hamburg) = Free On Board, beziffert die Kosten einschließlich der Verladekosten im Hafen
CIF (Quebec) = Cost Insurance Freight, beziffert alle Kosten bis zum Bestimmungshafen
CFR (Quebec) = Cost and Freight, beziffert alle Kosten bis zum Bestimmungshafen ohne Versicherung
DEQ (New York) = Delivred Ex-Quay, beziffert alle Kosten plus Entladung im Hafen New York
DDP (Montreal) = Delivered Duty Paid, frei Haus Montreal

Bitte um Verlängerung 34
des Zahlungsziels

Letterhead

15 September 1998

Your ref.: we/in/87

Our ref.: de/re

Stuart & Sons
Mr Don Stevens
22 College Street
TORONTO
M5G 1Y6
CANADA

Dear Mr Stevens,

We have received your reminder dated 10 September and are truly sorry for the delay in settling our account.

Bedauern Sie die Verzögerung

The sudden failure of one of our customers has caused us considerable losses and, in addition, we have not been able to dispose of your latest consignment. Besides, some of our customers have been slow in meeting their obligations to us.

Erklären Sie die momentane Schwierigkeit

We are sending you a check for CAN $1,250 on account and would be grateful if you could grant us an extension for the balance until 31 October.

Machen Sie einen konkreten Vorschlag für das Zahlungsziel

You can rely on receiving a remittance in full settlement by that date.

We would be greatly obliged to you for accommodating us in this matter.

Yours sincerely,

Encl.

Sehr geehrter Herr Stevens,

wir haben Ihre Mahnung vom 10. September erhalten und bedauern die Verzögerung beim Ausgleich Ihrer Rechnung ganz außerordentlich.

Der plötzliche Ausfall eines unserer Kunden hat uns erhebliche Verluste verursacht und darüber hinaus sind wir bislang nicht in der Lage gewesen, Ihre letzten Lieferungen weiterzuverkaufen. Ferner haben einige unserer Kunden Ihre Verpflichtungen uns gegenüber nur zögerlich erfüllt.

Sie können sich auf eine Überweisung zu diesem Zeitpunkt zum vollen Ausgleich Ihrer Forderung verlassen.

Wir wären Ihnen sehr verbunden, wenn Sie uns in dieser Sache entgegenkämen.

Mit freundlichen Grüßen

Anlage

Für den Exporteur wäre die Vorauszahlung (*advance payment*) bzw. die Anzahlung (*down payment*) die beste Zahlungssicherung (*security for payment*), für den Importeur aber die schlechteste. Sie greift nur, wenn es branchenüblich (*customary in a line of business/in a branch of industry*) wie im Schiffbau (*shipbuilding*), bei Industrieanlagen (*industrial plants*) oder Hoch- und Tiefbau (*structural and civil engineering*) bzw. wenn der Exporteur eine relativ gute Marktstellung (*market position*) im Verkäufermarkt (*seller's market*) besitzt oder wenn es ich um ein Erstgeschäft (*initial order/contract*) handelt.

35 Kompromissvorschlag
zur Verlängerung des Zahlungsziels

Letterhead

7 July 1998

Mr Trasyboulous Stratis
20 Amerikis Street
ATHENS 98
Greece

Dear Mr Stratis,

Your invoice No. 885

We were very sorry to learn about your problems concerning compensation with your insurance company.

Weisen Sie auf Ihr bisheriges Entgegenkommen hin

However, we have already allowed you credit for 40 days, and although we appreciate your offer of an additional 6% interest on the £5,350.00 outstanding, it is financially impossible to allow a further 60 days' credit as we ourselves have commitments.

Unterbreiten Sie ihren Kompromiss- oder Gegenvorschlag

We would therefore like to propose the following solution:

Interest need not be added to the amount due, but we enclose a new draft (BE 6651) for £2,675.00, which is half the outstanding balance, and we will allow you 40 days in which to pay it. We do, however, expect you to pay the remainder, viz. £2,675.00, by banker's draft.

Legen Sie einen Vordruck zur Annahme bei

Please confirm your acceptance by signing the enclosed bill and returning it to us, together with your draft, by return of post.

We wish you good luck for the negotiations with your insurance company.

Yours sincerely,

Encl.

Ihre Rechnung Nr. 885

Sehr geehrter Herr Stratis,

mit großem Bedauern hörten wir von Ihren Schwierigkeiten, Schadensausgleich von Ihrer Versicherung zu erhalten.

Wir haben Ihnen jedoch bereits einen Aufschub von 40 Tagen eingeräumt und obwohl wir Ihr Angebot von zusätzlichen 6 % Zinsen auf die offenen £5.350 zu schätzen wissen, ist es uns finanziell nicht möglich, Ihnen weitere 60 Tage Aufschub zu gewähren, da wir selbst unseren Verpflichtungen nachkommen müssen.

Wir möchten Ihnen die folgende Lösung vorschlagen:

Zinsen fallen auf den offenen Betrag nicht an, aber wir legen einen neuen Wechsel (BE 6651) über £2.675,00 bei, das ist die Hälfte des ausstehenden Betrages, und räumen Ihnen eine Frist von 40 Tagen zum Ausgleich ein. Wir erwarten jedoch, dass Sie den Restbetrag, von £2.675,00 durch bankbestätigten Wechsel ausgleichen.

Bitte teilen Sie uns Ihr Einverständnis mit, indem Sie die beigefügte Aufstellung unterzeichnen und sie uns zusammen mit Ihrem Wechsel umgehend zurücksenden.

Wir wünschen Ihnen alles Gute in den Verhandlungen mit Ihrer Versicherungsgesellschaft.

Mit freundlichen Grüßen

Anlage

Je nach Marktlage kann sich der Exporteur veranlasst sehen, seinem Geschäftspartner ein längerfristiges Zahlungsziel einzuräumen (*to grant a long-term trade credit/supplier´s credit, to grant a period of payment*). Der Abschluss von Kreditverträgen (*credit/loan agreement*) mit detaillierten (*detailed*) Zins- und Tilgungsvereinbarungen (*interest and repayment arrangements*) ist unumgänglich. In den meisten Fällen werden die Kreditvereinbarungen mit den refinanzierenden (*refinancing*) Kreditinstituten abgestimmt, da langfristige Zahlungsziele die Finanzkraft (*financial strength*) des Exporteurs stark anspannen (*to make heavy demands on*) oder übersteigen (*to overstrain, to sap*). Nicht selten ist letztlich die Qualität des langfristigen Lieferantenkredits ausschlaggebend für die Hereinnahme eines Auftrags (*acceptance of an order*).

Bitte um Korrektur 36
der Zahlungskonditionen

Letterhead

7 July 1998

Our ref.: co/st

Smith & Hunter
3 Choumert Road
LONDON
SE5 4XE
Great Britain

Dear Sir/Madam,

TERMS OF PAYMENT

When we placed our first order with you, we agreed that, after six months of trading, the terms of payment would be changed from cash on delivery to 30 days net. We are sorry to say that your invoice of 1 July still indicates the initial terms.

Definieren Sie Ihr Anliegen

We ask you to look into this matter and to change the terms of payment as agreed.

Bitten Sie um Abhilfe

We look forward to hearing from you.

Yours faithfully,

Sehr geehrte Damen und Herren,

als wir Ihnen unseren ersten Auftrag erteilten, vereinbarten wir, dass nach einer Frist von sechs Monaten gegenseitiger Geschäfte die Zahlungsbedingungen von Barzahlung bei Lieferung auf dreißig Tage netto geändert werden. Wir bedauern, Ihnen mitteilen zu müssen, dass Ihre Rechnung vom 1. Juli noch die ursprünglichen Bedingungen ausweist.

Wir bitten Sie, sich dieser Sache anzunehmen und die Zahlungsbedingungen wie vereinbart zu ändern.

Gerne hören wir wieder von Ihnen.

Mit freundlichen Grüßen

Dokumente gegen Zahlung (*documents against payment, D/P*) bedeutet immer ein Zug-um-Zug-Geschäft, bei dem der Exporteur vorleisten (*to perform in advance*) muss. Das Annahmerisiko (*risk of acceptance*) ist sehr hoch, weil keine Zahlungssicherheit besteht. Damit der Exporteur vor der Bezahlung nicht auch noch die Verfügungsgewalt über die Ware vor Eingang der Zahlung aufgibt, wird er die Dokumente nicht unmittelbar dem Importeur zusenden, sondern sie ihm über ein Kreditinstitut andienen (*to tender*) lassen. Zahlungs- und Erfüllungsort (*place of payment and performance*) sind beim Inkasso stets der Bestimmungsort (*place of destination*) der Ware.

37 Ablehnung einer Bitte um Rabatt

Letterhead

4 April 1998

Ms Helen L. Colston
McPool's Precision Tools PLC
8 Balderton Street
LONDON
W1Y 2BN

Dear Ms Colston,

Order No. XA 66113

Thank you very much for your order No. XA 66113, which we received yesterday.

We are very sorry to say that we can not offer the trade discounts which you have asked for. We only allow a 25% trade discount to all our customers, without regard to the quantities they buy.

We are sure that you will appreciate that our prices are extremely competitive, and that it would not be worth us supplying you on the allowance you have requested.

We sincerely regret this, but will be compelled to turn down your order should you insist on being granted the terms requested.

Yours sincerely,

Beziehen Sie sich auf einen konkreten Vorgang

Bedauern Sie, den Rabattwunsch ablehnen zu müssen

Weisen Sie auf Ihre günstigen Preise hin

Zeigen Sie Ihre Entschiedenheit

Auftrag Nr. XA 66113

Sehr geehrte Frau Colston,

vielen Dank für Ihren Auftrag Nr. XA 66113, den wir gestern erhielten.

Wir bedauern sehr, Ihnen mitzuteilen, dass wir die Handelsrabatte, um die Sie anfragen, nicht gewähren können. Wir gewähren allen unseren Kunden einen Abschlag von 25 %, ungeachtet der Mengen, die sie abnehmen.

Sicher verstehen Sie, dass unsere Preise außerordentlich günstig sind und es sich für uns nicht lohnen würde, die gewünschten Abschläge zu gewähren.

Wir bedauern dies aufrichtig, sind jedoch gezwungen, Ihren Auftrag abzulehnen, wenn Sie darauf bestehen, die erbetenen Bedingungen zu erhalten.

Mit freundlichen Grüßen

Bei der Zahlungsbedingung Dokumente gegen Akzept (*documents against acceptance, D/A*) verpflichtet sich der Importeur Zug-um-Zug gegen Übergabe der Dokumente einen Wechsel zu akzeptieren (*accept a draft*), der ihm von dem mit dem Zahlungseinzug (*collection of payment*) beauftragten Kreditinstitut vorgelegt wird. Der Exporteur verliert zwar die Verfügungsgewalt über die Ware, doch bei Nichteinlösung des Wechsels (*to dishonour a draft*) kann er eine Wechselklage anstrengen (*to file a suit on a dishonored bill of exchange*), ohne auf das zu Grunde liegende Handelsgeschäft (*underlying transaction*) Bezug nehmen zu müssen.

Beschwerde 38
wegen unberechtigten Skontoabzugs

Letterhead

7 August 1998

Mr Joop Vos
REMIDEX NEDERLAND BV
Postbus 2434
NL-1500 AH ZAANDAM

Dear Mr Vos,

We acknowledge with thanks receipt of your cheque for £1,478.55, for which we enclose our official receipt.

We see that you have deducted 3.5 % discount. We would, however, like to point out that our invoice is dated 3 April, and that you were only allowed to deduct discount if your payment had been made by 15 May.

We are carrying forward the amount of £51.75. Please include it in your next remittance.

Yours sincerely,

Sehr geehrter Herr Vos,

wir bestätigen dankend den Eingang Ihres Schecks über £ 1.478,55, wir legen unsere offizielle Quittung bei.

Wir sehen, dass Sie 3,5 % Rabatt abgezogen haben. Wir erlauben uns den Hinweis, dass unsere Rechnung vom 3. April datiert und Sie nur für Zahlungen bis 15. Mai Rabatt abziehen konnten.

Wir tragen den Betrag von £ 51,75 vor. Bitte berücksichtigen Sie ihn in Ihrer nächsten Überweisung.

Mit freundlichen Grüßen

Bestätigen Sie den Zahlungseingang

Stellen Sie klar, warum der Abzug nicht rechtens ist

Tragen Sie den Betrag vor und bitten Sie um Ausgleich – je nach Wichtigkeit des Kunden werden Sie einen entsprechenden Vorschlag machen

---

Die Zahlung gegen einfache Rechnung stellt für den Exporteur den Verzicht (*waiver, to do without*) jeder Zahlungssicherheit dar, da er nicht nur die Kreditkosten (*credit expenses*) und das Kreditrisiko (*credit risk*) trägt, sondern auch noch die Verfügungsgewalt aufgibt (*to give up power of disposal*). Sollte der Exporteur auch keine Wechselbeziehung (*bill of exchange*) durchsetzen können oder wollen, sollte er die Forderungen (*accounts receivable, receivables*) in seine Kreditversicherung (*credit insurance*) einbeziehen oder an eine Factoring-Gesellschaft verkaufen (*sell to a factor*).

39 Bitte um Korrektur
einer fehlerhaften Rechnung

Letterhead

18 October 1998

Your ref.: In/98/776

Our ref.: gl/pc/3456

TECHNO Ltd.
17 Bloomsberry Street
LONDON
WC1 7QP
Great Britain

Dear Madam or Sir,

Your invoice no. In/98/776 dated 10 October 1998

Thank you very much for your consignment 98/776 of lambswool cardigans. Everything arrived in due order.

On examining your invoice no. In/98/776, we find that your figures do not correspond with ours. A minor error must have occurred in totalling the individual amounts.

We calculate the correct figure to be £3,345, and not £3,445.

We are returning your invoice, enclosed, for amendment and ask you to correct it.

Please send us a new invoice, which will then be settled at once.

Yours faithfully,

Genaue Bezeihnung der in Frage kommenden Rechnung

Geben Sie den korrekten Betrag an

Senden Sie die Rechnung zurück und bitten Sie um eine neue Ausfertigung

---

Ihre Rechnung In/98/776 vom 10. Oktober 1998

Sehr geehrte Damen und Herren,

vielen Dank für Ihre Sendung 98/776 Schurwolle Strickwesten, es kam alles wohlbehalten an.

Bei Prüfung Ihrer Rechnung In/98/776 fiel uns auf, dass Ihre Zahlen nicht mit den unsrigen übereinstimmen, ein kleiner Fehler muss sich beim Addieren der einzelnen Beträge eingeschlichen haben.

Die korrekte Summe beträgt £ 3345 und nicht £ 3445.

Sie erhalten Ihre Rechnung zur Überarbeitung zurück, bitte korrigieren Sie diese.

Bitte senden Sie uns eine neue Rechnung, die umgehend beglichen wird.

Mit freundlichen Grüßen

Ein wichtiges Teilgebiet der Geschäftsversicherung ist die Kreditversicherung (*credit insurance*). Sie schützt Unternehmen gegen Verluste aus Zahlungsunfähigkeit (*insolvency*) oder anhaltenden Verzug (*protracted default*) von Kunden. Kreditversicherungen für das Inland werden von privaten Versicherern angeboten, im großen Geschäft der Exportkreditversicherung ist meist der Staat zumindest indirekt beteiligt. Ist der Schuldner im Ausland, kann der fremde Staat Maßnahmen ergreifen, die die Forderung uneinbringlich machen (*make the debt irrecoverable*). Im weiteren Sinn sind Kreditversicherungen auch Vertrauensschaden- und Veruntreuungsversicherung (*fidelity/commercial guarantee insurance*) und Kautionsversicherung (*fidelity bond*), da es hier ebenfalls um Kredit im Sinne von Vertrauen geht.

Reklamationen und Mahnungen

Reklamationen/Reklamationsbearbeitung

		Seite
40	Reklamation wegen beschädigter Ware	52
41	Mängelrüge mit der Bitte um Ersatzlieferung	53
42	Beschwerde wegen schlechter Handwerksarbeit	54
43	Beschwerde – Androhung von Schadenersatz	55
44	Zwischenbescheid auf Reklamation	56
45	Angebot für Preisnachlass nach Reklamation	57
46	Akzeptanz eines Preisnachlasses nach Reklamation	58
47	Antwort auf Mängelrüge – Verwechslung	59
48	Reklamation wegen Lieferverzugs	60
49	Beschwerde wegen regelmäßiger Verspätungen	61
50	Antwort auf Lieferverzug	62
51	Entschuldigung wegen Lieferverzugs	63
52	Ablehnung einer Reklamation	64
53	Verlustanzeige an Transportunternehmen	65

Mahnungen

		Seite
54	Erste Mahnung – freundlich	66
55	Erste Mahnung – neutral	67
56	Zweite Mahnung – guter Kunde	68
57	Zweite Mahnung – normaler Kunde	69
58	Dritte Mahnung – Alternative 1	70
59	Dritte Mahnung – Alternative 2	71

40 Reklamation
wegen beschädigter Ware

Letterhead

Your ref.: ra-gh
Our ref.: ord-584/sel

24 February 1998

Grünpunkt AG
Herrn Rolf Altmann
Abholfach

D-46241 BOTTROP

Dear Mr Altmann,

Our purchase order No. ord-584/se

We have received the consignment of colour television sets as per our order dated 15 January 1998, and regret having to make the following complaint.

On checking the consignment immediately after arrival, we found that the television sets in container 1, marked 67 KOU, arrived badly damaged. Four of them do not work at all, and all of the remaining eight are damaged.

As this container was also damaged on the outside, we consider that this can only be due to rough handling in transit.

Please send us a replacement consignment for the damaged and defective television sets, which are being held for you in our warehouse.

We need the television sets urgently. Please contact us as soon as possible.

Thank you very much

Yours sincerely,

Beschreiben Sie den Schaden

Bitten Sie um Ersatz

Betonen Sie die Dringlichkeit, weisen Sie auf evtl. negative Folgen für Sie selbst hin

---

Unser Einkaufsauftrag-Nr. ord-584/se

Sehr geehrter Herr Altmann,

Ihre Lieferung der Farbfernsehgeräte haben wir wie am 15. Januar bestellt erhalten. Wir bedauern, Ihnen folgende Beschwerde zu unterbreiten.

Bei der sofortigen Überprüfung der Sendung nach Erhalt stellten wir fest, dass die Fernsehgeräte im Container 1, Zeichen 67 KOU, schwer beschädigt ankamen; vier funktionieren überhaupt nicht, die übrigen acht sind beschädigt.

Da dieser Container auch äußerlich beschädigt war, glauben wir, dass die Beschädigung nur auf ruppige Behandlung während des Transports zurückgehen kann.

Bitte senden Sie uns eine Ersatzlieferung für die beschädigten und defekten Fernsehgeräte, die wir für Sie in unserem Lager bereithalten.

Wir benötigen die Fernsehgeräte dringend. Bitte setzen Sie sich mit uns so bald wie möglich in Verbindung.

Vielen Dank.

Mit freundlichen Grüßen

Im Englischen gibt es kein Wort, das dem deutschen Wort „aktuell" ganz entspricht:

current = von heute, zur Zeit aktuell
topical = wichtig für heute (enthält eine Wertung)
actual = tatsächlich

Mängelrüge 41
mit der Bitte um Ersatzlieferung

Letterhead

12 May 1998

Office Machines Ltd
P.O. Box 1525/631
TEHERAN 15
IRAN

Dear Sir or Madam,

Yesterday you delivered the consignment of aluminium plates by lorry.

We checked them immediately and regret to say that 27 of the 320 plates are covered with small black stains on either side.

We do not know the cause of these stains, since we have never found such damage on previous deliveries.

During our telephone conversation you advised us to try to remove these spots by polishing. Unfortunately, all our efforts to make them vanish by heavy polishing did not work. We suspect that the stains were caused by acid.

Please send us 27 satisfactory plates immediately. We will return the faulty ones tomorrow as we have no use for them.

Yours faithfully,

Weisen Sie auf Ihre umgehende Überprüfung der Sendung hin

Stellen Sie die Defekte dar

Bitten Sie um Ersatz und stellen Sie die beschädigten Teile zur Verfügung

---

Sehr geehrte Damen und Herren,

gestern lieferten Sie uns die Sendung Aluminium-Platten per LKW.

Wir überprüften die Sendung umgehend und bedauern, Ihnen mitteilen zu müssen, dass 27 der 320 Platten auf beiden Seiten mit kleinen schwarzen Flecken bedeckt sind.

Wir haben keine Erklärung für diese Flecken, zumal wir auf früheren Sendungen niemals ähnliche Beschädigungen gefunden haben.

In unserem Telefonat rieten Sie uns, diese Flecken durch Polieren zu entfernen. Unglücklicherweise waren alle unsere Bemühungen, sie durch nachdrückliches Polieren zu entfernen, vergeblich. Wir vermuten, dass die Flecken durch Säure verursacht wurden.

Bitte senden Sie uns sofort 27 einwandfreie Platten. Wir schicken Ihnen die defekten Exemplare morgen zurück, da wir keine Verwendung für sie haben.

Mit freundlichen Grüßen

Deutsch „verstehen" wird wiedergegeben mit:

understand = begreifen
hear = hören
catch = akustisch verstehen, z. B. *Sorry, I didn't catch that.*

know = verstehen, wissen, z. B. *he knows how to get on with his colleagues*
get on with = sich verstehen, auskommen mit
misunderstand = missverstehen

42 Beschwerde
wegen schlechter Handwerksarbeit

Letterhead

Koch & Sons Ltd.
140 Fruitridge Ave.
LONDON
SW1A 1NF
Great Britain

Dear Mr Koch,

Complaint about bad workmanship

I am writing to you today with reference to work carried out by yourselves at our premises at 52 Lewellyn Road. A number of faults have appeared in the flooring over the past few weeks which could be dangerous to our customers.

The flooring which you laid is showing signs of inferior quality, and has worn through to the concrete in some areas, thus creating a severe hazard to our customers.

Will you please come and inspect the damage and arrange for a repair within the next week? The matter is urgent as we can be sued if any of our customers are injured by tripping over the cracks in the flooring.

I wish to point out that you guaranteed all of your flooring for one year.

I look forward to hearing from you soon.

Yours sincerely,

Beschreiben Sie die Mängel

Zeigen Sie negative Folgen auf

Bitten Sie um rasche Besichtigung und Behebung

Weisen Sie auf eventuelle Garantien hin, haben Sie ein Zurückbehaltungsrecht/Pfandrecht(lien) dem Lieferanten gegenüber, werden Sie es jetzt einsetzen

---

Beschwerde wegen schlechter Arbeit

Sehr geehrter Herr Koch,

ich schreibe Ihnen heute unter Bezug auf Ihre Arbeiten in unseren Räumen in Lewellyn Road 52. In den letzten Wochen sind eine Reihe von Fehlern im Fußbodenbelag aufgetreten, die für unsere Kunden eine Gefahr bedeuten können.

Der Fußbodenbelag, den Sie verlegten, weist in einigen Bereichen Zeichen minderer Qualität auf, da er bis zum Beton verschlissen ist, das bedeutet für unsere Kunden eine ernste Gefährdung.

Ich bitte Sie zu kommen und den Schaden anzusehen und in der nächsten Woche eine Reparatur vorzunehmen. Die Sache eilt, denn wir können haftbar gemacht werden, wenn einer unserer Kunden zu Schaden kommt, indem er über die Risse im Fußbodenbelag stolpert.

Ich möchte darauf hinweisen, dass Sie auf den Belag ein Jahr Garantie gewähren.

Ihrer baldigen Antwort sehe ich entgegen.

Mit freundlichen Grüßen

„Man" wird im Englischen häufig mit „you", besonders in Gebrauchsanleitungen, bei der Darstellung von Prozessen, Verfahren u.ä. übersetzt. *It`s quite simple. You only press this key.* Obwohl „one" als Äquivalent für „man" existiert, ist es wesentlich distanzierter und formeller als „you" – *one must always be polite.*

Beschwerde 43
– Androhung von Schadenersatz

Letterhead

April 5, 1998

Swears & Wells
P.O. Box 7151
POMPANO BEACH, FL
33073
USA

Dear Ladies and Gentlemen,

On March 3 we ordered 525 window panes for a building currently under construction. Our buyer, Mr. Buckland, pointed out that the panes were urgently needed, and you promised to deliver <u>by April 1 at the latest.</u>

We regret to say that you did not keep your promise of prompt delivery. Please understand that this is causing us <u>severe problems</u> and, under these circumstances, your delay entitles us to claim damages. We are reluctant to take such measures, however, and are willing to wait for the panes until the <u>end of this week.</u>

We trust that you will make every effort to meet this final deadline, and thus save yourselves and us a <u>great deal of trouble</u> and annoyance.

Faithfully yours,

Verweisen Sie auf Terminzusagen

Stellen Sie die negativen Folgen für Sie selbst dar

Setzen Sie eine letzte Frist

Weisen Sie deutlich auf Konsequenzen hin

Sehr geehrte Damen und Herren,

am 3. März bestellten wir 525 Fensterscheiben für ein derzeit im Bau befindliches Gebäude. Unser Einkäufer, Herr Buckland, wies darauf hin, dass die Scheiben dringend benötigt werden, und Sie sagten uns zu, bis spätestens 1. April zu liefern.

Wie bedauern, feststellen zu müssen, dass Sie sich an Ihre Zusage, prompt zu liefern, nicht gehalten haben. Bitte verstehen Sie, dass uns dies ernste Probleme bereitet und dass unter diesen Umständen Ihr Verzug uns Anspruch auf Schadenersatz verschafft. Wir zögern jedoch, derartige Maßnahmen zu ergreifen und sind bereit, auf die Lieferung der Fensterscheiben bis Ende dieser Woche zu warten.

Wir verlassen uns darauf, dass Sie alle Anstrengungen unternehmen, um diesen letzten Termin zu wahren. Sie ersparen sich und uns eine Menge Schwierigkeiten und Ärger.

Mit freundlichen Grüßen

If-Sentences

Im Haupt- und Nebensatz entsprechen sich folgende Zeitformen

If you grant 10% trade discount	*I will buy the goods*	(Realisierung der Bedingung
Present Tense	Future/Tense	möglich und wahrscheinlich)
If you granted 10% trade discount	*I would buy the goods*	(Realisierung der Bedingung
Past Tense	Conditional	möglich, jedoch unwahrscheinlich)
If you had granted 10% trade discount	*I would have bought the goods*	(Realisierung der Bedingung nicht
Past Perfect	Conditional Perfect	mehr möglich)

44 Zwischenbescheid auf Reklamation

Letterhead

May 8, 1998

Our ref.: hg/DL

Mr. Malcolm Match
Hatch, Match and Spatch
365 Ocean Drive
MIAMI, FL
33139
USA

Dear Mr. Match,

Your complaint dated May 2, 1998

Zeigen Sie Ihr Bedauern

We were most sorry to learn that the tools supplied to you were not to your satisfaction, as several items in the consignment appear to be rusty.

Machen Sie einen konstruktiven Vorschlag, das Problem zu lösen

We have now instructed our representative in your area, Mr. Ian Knight, to call on you without delay and note the defective pieces. We will contact you as soon as we have received Mr. Knight's report to settle things amicably.

Bitten Sie um etwas Geduld

Please allow us a few days to look closely into this matter. Thank you very much.

Sincerely yours,

Ihre Beschwerde vom 2. Mai 1998

Sehr geehrter Herr Match,

es tut uns außerordentlich leid zu erfahren, dass Sie mit den von uns gelieferten Werkzeugen nicht zufrieden waren, da einige Positionen der Lieferung anscheinend rostig waren.

In der Zwischenzeit haben wir unseren Vertreter in Ihrem Gebiet, Herrn Ian Knight, beauftragt, Sie unverzüglich zu besuchen und eine Aufstellung der defekten Werkzeuge zu machen. Wir setzen uns wieder mit Ihnen in Verbindung, sobald wir Herrn Knights Bericht vorliegen haben, um die Angelegenheit auf einer freundschaftlichen Basis zu regulieren.

Bitte geben Sie uns einige Tage Zeit zur Überprüfung. Vielen Dank.

Mit freundlichen Grüßen

Bedingungssätze (*conditional sentences*) werden meist mit *"if"* eingeleitet; andere Wendungen sind:

even if = auch wenn
only if = nur wenn
provided that/as long as = vorausgesetzt, dass
in the event of = im Falle
unless = wenn ... nicht

Angebot für Preisnachlass 45
nach Reklamation

Letterhead

Your ref.: XX/7865
Our ref.: 1836/kl

6 May 1998

Ms Shirley Petty
Petty & Spade Ltd.
Brunel House
2 Fitzalan
Cardiff
CF2 1UY
Great Britain

Dear Ms Petty,

YOUR COMPLAINT - CASHMERE SWEATERS

I refer to your complaint dated 28 April 1998 regarding the consignment of cashmeres.

I was surprised to learn that you had cause for complaint as to the quality of the cashmeres and the shading of their colours.

The fabrics are examined very carefully prior to each despatch. It is, however, conceivable that the cashmeres are not as vivid as the patterns sent to you. Cashmere is a natural product, and there may be slight unavoidable variations in colour as a result.

I do not believe that your customers will find the somewhat paler colours less attractive.

In the light of our good, long-term business relations, we are willing to allow you 7.5% discount, and hope that you will accept our offer.

I very much regret your having had cause for dissatisfaction, but I am sure that the matter can be settled amicably, as proposed above.

Yours sincerely,

Einleitend beziehen Sie sich auf das Beschwerdeschreiben

Betonen Sie Ihre Sorgfalt

Handelt es sich um einen guten Kunden, können Sie eine Reduzierung anbieten

---

Ihre Reklamation - Kaschmirpullover

Sehr geehrte Frau Petty,

ich beziehe mich auf Ihre Reklamation vom 28. April bezüglich der Kaschmir Pullover.

Ich war überrascht zu erfahren, dass Sie Anlass zur Reklamation hatten, was die Qualität und den Farbton der Kaschmirpullover anging.

Die Textilien werden vor dem Versand sehr gründlich geprüft, es kann jedoch sein, dass die Kaschmirpullover nicht so lebhafte Farben haben wie die Ihnen zugesandten Muster. Kaschmirwolle ist ein Naturprodukt und dabei kann es zu leichten, unvermeidbaren Farbabweichungen kommen.

Ich glaube nicht, dass Ihre Kunden die etwas helleren Farben weniger attraktiv finden.

Im Hinblick auf unsere guten und langen Geschäftsbeziehungen sind wir bereit, Ihnen einen Abzug von 7,5 % einzuräumen, und hoffen, dass Sie unser Angebot akzeptieren.

Ich bedaure, Ihnen Anlass zur Unzufriedenheit gegeben zu haben, aber ich bin sicher, wir können die Sache wie oben vorgeschlagen auf einer freundschaftlichen Basis lösen.

Mit freundlichen Grüßen

Vorsicht!
Leicht verwechselt werden können die Begriffe:

opinion = Meinung
meaning = Bedeutung
think = meinen, glauben, annehmen,
mean = meinen, im Sinn haben, beabsichtigen

46 Akzeptanz eines Preisnachlasses
nach Reklamation

Letterhead

March 14, 1998

Columbia Leisure Time Products
1265 Broadway
NEW YORK, NY
10002
USA

Dear Madam or Sir,

We investigated the cause of the damage immediately after receiving your complaint.

Stellen Sie den Grund der Beschädigung dar

Much to our regret we found out that, due to inexcusable carelessness, the goods were packed insufficiently.

Bedanken Sie sich für die Bereitschaft, die Waren zu behalten

We appreciate, however, your readiness to accept the deck chairs in an effort to sell them at a reduced price.

Stellen Sie eine angemessene Preisreduzierung in Aussicht

Please store the chairs separately so that our representative can value them and grant you an appropriate allowance.

Thank you very much for your kind co-operation. You may rest assured that we will do anything to avoid faulty packing in future.

We look forward to continuing to serve you with first-rate products.

Faithfully yours,

Sehr geehrte Damen und Herren,

unmittelbar nachdem wir Ihre Beschwerde erhielten, haben wir nach dem Grund für die Beschädigungen geforscht.

Zu unserem tiefen Bedauern hat sich herausgestellt, dass die Ware auf Grund einer nicht entschuldbaren Nachlässigkeit unzureichend verpackt wurde.

Wir bedanken uns jedoch für Ihre Bereitschaft, die Liegestühle zu übernehmen und sie mit einem Preisabschlag zu verkaufen.

Bitte lagern Sie die Liegen separat, so dass unser Vertreter ihren Wert schätzen und Ihnen einen angemessenen Nachlass einräumen kann.

Vielen Dank für Ihre freundliche Zusammenarbeit. Wir sichern Ihnen zu, dass wir alles unternehmen werden, um eine fehlerhafte Verpackung in Zukunft zu vermeiden.

Wir freuen uns darauf, Sie mit erstklassigen Produkten zu beliefern.

Mit freundlichen Grüßen

Zwischen „Arbeiter" und „Angestellter" gibt es in England und Amerika keinen solchen Unterschied wie im Deutschen. Beide sind Beschäftigte (*employees*) und sogar *workers*. Die gebräuchlichste Unterscheidung ist die von *white-collar employees* für Angestellte und *blue-collar workers* für Arbeiter, eine andere Möglichkeit ist *salaried staff* und *wage-earners*. *Clerical workers* bzw. *clerical staff* bezeichnen zwar auch Angestellte, jedoch nur mit untergeordneter Tätigkeit; gleiches gilt für den *clerk*. Im öffentlichen Dienst ist der *clerk* wesentlich höher anzusiedeln, der *town clerk* ist so etwas wie ein Stadtsyndikus.

Antwort auf Mängelrüge 47
– Verwechslung

Letterhead

7 August 1998

Our ref.: St/ms 6754

Ms Liberty Bell
Bell's Fashionwear
77 North Park Lane
DULVERTON
Somerset
TA15 9EX
Great Britain

Dear Ms Bell,

On receipt of your complaint of yesterday we immediately made enquiries in our Despatch Department. We learnt to our regret that the parcel of Scottish tweeds which had been made ready for sending had been delivered to another of our customers by mistake.

We had some temporary staff in during the summer holidays, and one of them must have mixed up the names and addresses.

The parcel is being returned to us immediately. We will re-address it and send it to you by airfreight, carriage paid. You should have the tweeds within two days, and we hope that that will set things right for you.

We very much regret having caused you this inconvenience.

Yours sincerely,

Sehr geehrte Frau Bell,

sofort nachdem wir Ihre Beschwerde von gestern erhielten, haben wir in unserer Versandabteilung nachgefragt. Zu unserem Bedauern erfuhren wir, dass ein Paket mit schottischem Tweed, das versandfertig gemacht worden war, versehentlich an einen anderen Kunden von uns geliefert wurde.

Wegen der Sommerferien hatten wir einige Aushilfen beschäftigt, eine von ihnen muss die Namen und Adressen verwechselt haben.

Das Paket wird umgehend an uns zurückgesandt, wir werden es umadressieren und es Ihnen frachtfrei per Luftpost zusenden. Sie sollten den Tweed in zwei Tagen in Händen haben und wir hoffen, dass damit für Sie alles in Ordnung ist.

Wir bedauern sehr, Ihnen diese Unannehmlichkeit bereitet zu haben.

Mit freundlichen Grüßen

Räumen Sie Ihren Irrtum ein

Veranlassen Sie sofortige Abhilfe

Zeigen Sie Ihr Bedauern

Angestellte in irgendeiner leitenden Stellung, z. B. der Leiter eines kleinen Supermarktes, werden mit *managerial staff* bezeichnet, deutsch etwa untere Führungsebene. Ab der mittleren Ebene der Betriebshierarchie (*business hierarchy*) heißen Führungskräfte *executives*, es ist nicht unbedingt nötig, dass damit ein Weisungsrecht (*right of command*) verbunden ist. Andererseits ist ein *manual worker* ein Handarbeiter, der durchaus auch an einer Maschine arbeiten kann (*machine operator/machine operative*). *Workman* ist ein sehr einfaches Wort für den, der körperlich arbeitet, der ungelernte Arbeiter wird häufig *labo(u)rer* genannt, besonders in der Landwirtschaft.

48 Reklamation wegen Lieferverzugs

Letterhead

6 July 1998

Our ref.: cc/986/98

Archie McDuff
Traditional Scottish Jewellery
18-20 Osnaburgh St.
EDINBURGH
EH1 4FL
Great Britain

Dear Sir/Madam,

DELAY IN DELIVERY

Bezeichnen Sie den Vorgang genau

On 25 June of this year we placed an order with you for traditional Scottish jewellery as per your quotation dated 10 June. The jewellery was offered to be supplied from stock, but as yet we have received neither the consignment nor any explanation from you for the delay.

This seems quite unusual and is without precedent in our dealings with you. Please let us know the reason for the current delay.

Teilen Sie Konsequenzen mit

Setzen Sie eine Frist

Please also inform us whether you will be able to deliver within 5 days. Should you not be able to do so, please regard this order as cancelled, as our customers will then withdraw from the contract.

Bitte Sie um rasche Antwort

Please answer by return.

Yours faithfully,

Lieferverzug

Sehr geehrte Damen und Herren,

am 25. Juni erteilten wir Ihnen einen Auftrag über traditionellen schottischen Schmuck gemäß Ihrem Angebot vom 10. Juni. Der Schmuck wurde als sofort lieferbar angeboten, aber bislang haben wir weder die Sendung noch irgendeine Erklärung für die Verzögerung Ihrerseits erhalten.

Dies erscheint uns sehr ungewöhnlich und ohne Präzedens in unserer Geschäftsbeziehung mit Ihnen. Bitte teilen Sie uns den Grund für die aktuelle Verzögerung mit. Bitte informieren Sie uns auch, ob Sie innerhalb von fünf Tagen liefern können. Sollte Ihnen dies nicht möglich sein, betrachten Sie den Auftrag als storniert, da unsere Kunden dann vom Vertrag zurücktreten.

Bitte antworten Sie umgehend.

Mit freundlichen Grüßen

Beim Lieferverzug gibt es in den angelsächsischen Ländern einen gravierenden Unterschied zu deutschen Gepflogenheiten – der Käufer muss dem Lieferanten keine angemessene Nachfrist (*period of grace*) einräumen

Beschwerde 49
wegen regelmäßiger Verspätungen

Letterhead

September 3, 1998

Sales Manager
Dr Ron Snyder
Surgical Instruments Inc.
210 Webster Street
SACRAMENTO, CA
95814
USA

Dear Mr. Snyder,

QL 478/LX

I am writing to you to point out that the above mentioned delivery of surgical instruments was two weeks late. I very much regret having to say that this is the third time I am writing to you on this subject. I must stress that I am not willing to allow the situation to continue.

In my last fax I particularly stressed the point that it is absolutely essential for us to receive the surgical equipment on time. Delayed delivery will cause us serious problems with our customers.

Unless we have the absolute assurance that you can guarantee that you will keep to delivery dates exactly for all future deliveries I will have to look for another supplier.

Please let me have your firm undertaking before I place my next order with you.

Sincerely yours,

QL 478/LX

Sehr geehrter Herr Snyder,

ich schreibe Ihnen, um darauf hinzuweisen, dass die oben erwähnte Sendung chirurgischer Instrumente zwei Wochen verspätet war. Ich bedaure, dass ich Ihnen in dieser Sache zum dritten Mal schreiben muss. Ich betone, dass ich nicht gewillt bin, diese Situation länger hinzunehmen.

In meinem letzten Fax habe ich besonders den Punkt betont, dass für uns wirklich wichtig ist, die chirurgische Ausrüstung zum fälligen Datum zu erhalten. Verspätete Lieferung bringt uns ernste Schwierigkeiten mit unseren Kunden.

Solange wir keine absolute Sicherheit haben, dass Sie uns für zukünftige Lieferungen die strikte Einhaltung der Liefertermine garantieren können, werde ich mich nach einem anderen Lieferanten umsehen müssen.

Bitte geben Sie mir eine feste Zusicherung, ehe ich Ihnen den nächsten Auftrag erteile.

Mit freundlichen Grüßen

Weisen Sie auf eigene Probleme der Verspätung hin

Stellen Sie die negativen Konsequenzen dar

Deutsch „müssen" wird wiedergegeben mit:

have to = müssen (objektive Notwendigkeit)
must = müssen, sollen (persönliche Entscheidung)
must not = nicht dürfen
need not = nicht müssen, nicht brauchen

50 Antwort auf Lieferverzug

Letterhead

12 September 1998

Our ref.: MB/fg

Director
Essex School of Business
Chingford
LONDON
E4 9HD
Great Britain

Dear Sir,

TRADE AND COMMERCE

We were surprised to learn from your letter dated 6 September that the 150 copies of the above title ordered by you on 10 August have not yet reached you.

We received your order on 12 August and passed it to our despatch department immediately. Our stock records showed the quantity to be available.

We phoned the despatch department and our warehouse manager this morning. He confirmed that the books were sent out on 18 August.

We regret the delayed delivery and the inconvenience it has caused you. We will look into the matter at once and will inform you as soon as we have more information about this consignment.

Yours faithfully,

TRADE AND COMMERCE

Sehr geehrter Herr Direktor,

es überraschte uns aus Ihrem Brief vom 6. September zu erfahren, dass die 150 Exemplare des oben erwähnten Titels, die Sie am 10. August bestellt hatten, noch nicht bei Ihnen eingetroffen sind.

Wir erhielten Ihren Auftrag am 12. August und leiteten ihn sofort in unsere Versandabteilung weiter. Unsere Lagerbestandslisten zeigten, dass die Menge vorrätig war.

Heute vormittag rief ich die Versandabteilung und unseren Lagerleiter an. Er bestätigte mir, dass die Bücher am 18. August versandt wurden.

Wir bedauern die Verspätung und die Unannehmlichkeiten, die für Sie damit verbunden sind. Wir werden die Situation sofort prüfen und Sie informieren, sobald wir mehr Information über diese Sendung haben.

Mit freundlichen Grüßen

Stellen Sie Ihre Sicht dar

Zeigen Sie, dass Sie sich der Sache annehmen

Bedauern Sie evtl. Unannehmlichkeiten

Entschuldigung wegen Lieferverzugs 51

Letterhead

23 July 1998

VENDA Pty
Mr Don Smith
71 Mphephu St.
SIBASA 0970
South Africa

Dear Mr Smith,

Your order no. rx-09-98

Further to our telephone conversation last week I am writing to you concerning your order no. rx-09-98, which was placed with us on 3rd of last month.

Bezeichnen Sie den Vorgang genau

Once again I must apologise for our delay in processing the order. This was due to a shortage of office staff. However, since I spoke to you last week, we have taken on three new employees at our Hanover branch. I am pleased to inform you that your order is now ready for despatch. It will reach you in approximately fourteen days' time.

Erklären Sie den Grund

As usual, we have paid special attention to careful packing according to your special requirements. Each item is wrapped carefully to prevent damage.

Positiver Schluss

Yours sincerely,

Ihr Auftrag Nr. rx-09-98

Sehr geehrter Herr Smith,

in Ergänzung zu unserem Telefonat von letzter Woche schreibe ich Ihnen bezüglich des Auftrags Nr. rx-09-98, den wir am 3. letzten Monats erteilten.

Ich muss mich nochmals für unsere Verzögerung in der Auftragserledigung entschuldigen. Der Grund war fehlendes Büropersonal. Seit wir letzte Woche miteinander sprachen, haben wir drei neue Mitarbeiter in unserer Zweigstelle in Hannover eingestellt. Ich freue mich, Ihnen mitteilen zu können, dass Ihr Auftrag nun versandbereit ist. Er wird Sie in schätzungsweise 14 Tagen erreichen.

Wie üblich haben wir besonders auf eine sorgfältige Verpackung gemäß Ihren besonderen Erfordernissen geachtet. Jeder einzelne Artikel ist sorgfältig eingepackt, um Schaden zu vermeiden.

Mit freundlichen Grüßen

---

apologise = sich (förmlich) entschuldigen, um Verzeihung bitten
excuse = sich entschuldigen für etwas, das man tun will: *excuse me, can you tell me the way to ..., please*
make excuses = sich herauswinden, Ausflüchte machen

excuse oneself = sich entschuldigen im Sinne von sich verabschieden: *he excused himself and left*
be sorry = sich entschuldigen für etwas, das man getan hat: *I'm really sorry*
pardon? = Verzeihung, wie bitte? (ich habe Sie nicht verstanden)

52 Ablehnung einer Reklamation

Letterhead

12 May 1998

Our ref.: cr/ms/762

Stuart & Sons Ltd.
41-46 Piccadilly
LONDON
W1V OBD
Great Britain

Dear Sir/Madam,

Your complaint of 7 May 1998

I am surprised to learn that you have had cause to complain about the quality of the goods which we delivered.

Due to your earlier complaints I have made it my business to inspect each item personally before it is packed and shipped. The items matched your samples exactly, both in weight and craftsmanship.

After having compared your sample pieces with the reference samples I find the qualities absolutely identical.

I must state, however, that there have been quite a few complaints on your part recently, and I cannot help feeling that your sole aim is to obtain an allowance.

Please note that from now on we are not willing to accept any deductions from the price invoiced to you.

As to your latest complaint I have to inform you that we are not willing to accept it.

I very much regret being compelled to write to you in this way.

Yours truly,

Ihre Beschwerde vom 7. Mai 1998

Sehr geehrte Damen und Herren,

es überrascht mich, dass Sie Grund hatten, sich über die Qualität der von uns gelieferten Ware zu beschweren.

Auf Grund Ihrer früheren Beschwerden habe ich es mir zur persönlichen Aufgabe gemacht, jeden Posten selbst zu überprüfen, bevor er verpackt und versandt wird. Sie entsprachen Ihren Mustern sowohl im Gewicht als auch in der Ausführung.

Nachdem ich Ihre Musterexemplare mit den Referenzmustern verglichen habe, finde ich, dass die Qualitäten absolut identisch sind.

Ich muss jedoch feststellen, dass Sie in letzter Zeit eine Reihe von Beschwerden angebracht haben und ich kann mich des Eindrucks nicht erwehren, dass Ihr einziges Ziel ist, einen Preisnachlass zu erhalten.

Bitte nehmen Sie zur Kenntnis, dass wir ab sofort nicht bereit sind, irgendwelche Abzüge von dem Ihnen in Rechnung gestellten Betrag hinzunehmen.

Was Ihre letzte Beschwerde angeht, muss ich Sie informieren, dass wir nicht bereit sind, diese zu akzeptieren.

Ich bedauere es ganz außerordentlich, Ihnen dies mitteilen zu müssen.

Mit freundlichen Grüßen

Zeigen Sie Ihr Erstaunen über die Beschwerde

Weisen Sie auf Ihre eigene Sorgfalt hin

Lehnen Sie höflich, aber entschieden Preisreduktionen ab

Verlustanzeige 53
an Transportunternehmen

```
                        Letterhead

Our ref.: ASL-657-gl

Oct 19, 1998

Ocean Marine Transport Corp.
P.O. Box 2345
AUSTIN, TX
75110
USA


Dear Madam or Sir,

NOTICE OF LOSS

On September 15 we sent ten boxes of tools to my customer,
Falke & Partner GmbH, Dagobertstr. 44, D-80935 München, through
the trade intermediary of your company.

This morning my customer informed me by fax that only eight of
the boxes had arrived, namely ASL 34 - 41, whereas boxes Nos. 42
and 43 are still missing.

My customer has asked me to look into this matter immediately.
He needs the complete consignment badly, as he has a substantial
order from a good customer.

I therefore ask you to give your immediate attention to the
matter.

Please let me know the results of your investigation as soon as
possible.

Yours faithfully,
```

Verlustanzeige

Sehr geehrte Damen und Herren,

am 15. September sandten wir durch den Mittelsmann Ihres Unternehmens zehn Kisten Werkzeuge an meinen Kunden, Falke & Partner GmbH, Dagobertstr. 44, D-80935 München.

Heute vormittag informierte mich mein Kunde per Fax, dass nur acht Kisten ankamen, nämlich ASL 34 - 41, wogegen Kisten Nr. 42 und 43 noch fehlen.

Mein Kunde hat mich gebeten, mich dieser Sache sofort anzunehmen. Er benötigt die vollständige Sendung dringend, da er einen Großauftrag eines guten Kunden hat.

Bitte prüfen Sie diese Angelegenheit umgehend und informieren Sie mich so bald wie möglich.

Mit freundlichen Grüßen

Klarer Hinweis, um welche Sendung es sich handelt

Dringen Sie auf eine rasche Antwort

Das deutsche Wort „Grenze" wird wiedergegeben mit:

boundary = Grenze, örtlich
border = Landesgrenze
limit = Grenze im übertragenen Sinne
bounds = Grenze im übertragenen Sinne
frontier = Grenze (auch im übertragenen Sinne)

54   Erste Mahnung – freundlich

Letterhead

February 9, 1998

Our ref.: in/456/98

Ms. Mary Willis
Accounts Manageress
Johnson Enterprises Inc.
112 Great Western Road
DARIEN, CT
23968
USA

Dear Ms. Willis,

FIRST REMINDER

When balancing our accounts I noted that there is an open account of $1,346.75 in our favor, due for payment on January 15 of this year.

As you have always settled your accounts punctually, I can only assume that this is due to an oversight in your bookkeeping department.

I hope that we will receive your payment within the next few days.

If you have already settled your account, please disregard this notice and accept our thanks for your payment.

Sincerely yours,

Erste Mahnung

Sehr geehrte Frau Willis,

bei Durchsicht unserer Konten bemerkte ich, dass ein Betrag von $ 1.346,75 zu unseren Gunsten offensteht. Er wäre am 15. Januar d. J. fällig gewesen.

Da Sie in der Vergangenheit Ihre Rechnungen stets pünktlich bezahlt haben, nehme ich an, dass dies auf ein Versehen in Ihrer Buchhaltung zurückgeht.

Ich nehme an, dass wir Ihre Zahlung in den nächsten Tagen erhalten.

Sollten Sie die Rechnung zwischenzeitlich beglichen haben, betrachten Sie diesen Hinweis als gegenstandslos, in diesem Fall bedanken wir uns für Ihre Zahlung.

Mit freundlichen Grüßen

Die erste Mahnung sollte stets freundlich gehalten sein, insbesondere bei guten Kunden

Gehen Sie von einem Versehen des Kunden aus

Zeigen Sie sich optimistisch, die Zahlung in den nächsten Tagen zu erhalten

Falls sich Ihre Mahnung mit der Zahlung gekreuzt hat, weisen Sie auf die Ungültigkeit der Mahnung hin.

Die eigenen Forderungen einzutreiben (*collect debts*) läuft in verschiedenen Stufen ab: Das Mahnverfahren (*reminding procedure*) mit mehreren Mahnungen (*reminders*), Kontoauszug (*statement of account*), Übergabe der Forderung an einen Schuldeneinzugsdienst (*debt collection agency*) oder an das Gericht, das zunächst einen Zahlungsbefehl (*default summons*) ergehen lässt, woraus sich für den Gläubiger ein vollstreckbarer Titel (*enforceable title*) ergibt, sofern der Schuldner keinen Widerspruch einlegt (*lodges no objection*). Auf Antrag des Gläubigers ergeht der gerichtliche Vollstreckungsbescheid

Erste Mahnung – neutral 55

Letterhead

January 12, 1998

Our ref.: 65-sl-235

Mr. John Dowe
1015th Street SE
LOS ANGELES, CA
91417
USA

Dear Mr. Dowe,

<u>First Reminder</u>

As of January 10, we have not yet received your December payment of $1,250. <u>Is it possible that this has slipped your mind?</u>

We would be most grateful if you could <u>check your records.</u>

If you have already effected payment, <u>please disregard this</u> notice and accept our thanks for your payment.

Sincerely yours,

Gehen Sie von einem „Vergessen" aus

Bitten Sie um Überprüfung

Falls sich die Zahlung mit Ihrer Mahnung gekreuzt hat, erklären Sie diese für ungültig

---

Erste Mahnung

Sehr geehrter Herr Dowe,

bis zum 10. Januar haben wir Ihre Dezember-Rate von $ 1.250,-- noch nicht erhalten. Ist es möglich, dass es Ihnen entgangen ist?

Bitte prüfen Sie Ihre Bücher.

Sollten Sie bereits bezahlt haben, betrachten Sie diesen Hinweis als gegenstandslos. Für diesen Fall bedanken wir uns für Ihre Zahlung.

Mit freundlichen Grüßen

(*warrant for execution*), so dass der Gerichtsvollzieher (*bailiff, sheriff*) in Aktion treten kann. Aber ehe es zum Äußersten kommt, wird der Schuldner (*debtor*) versuchen, mit seinen Gläubigern zu einem Vergleich zu kommen (*come to an agreement, arrive at a composition*), denn „*a lean arrangement is better than a fat bankruptcy*".

Teilen Sie mit, dass die Zahlung noch nicht erfolgt ist mit Wendungen wie:

As we are still waiting for …
As we have not yet received …
As we are in urgent need of …

56 Zweite Mahnung – guter Kunde

Letterhead

12 November 1998

Our ref.: re/wh/1298

P.M.C. Ltd.
Ms Pauline Galore
78 Station Road
CAMBRIDGE
CB5 8BH
Great Britain

Dear Ms Galore,

SECOND REMINDER

I was disappointed not to hear from you after we had brought to your attention that the amount of £4,556.90 is long overdue.

As we pointed out in our letter dated 15 October, the best interests of all customers require us to limit the term of accounts receivable.

As you have always settled your accounts in good time, I wonder if there might be any reason for your not settling. Should this be the case, please do not hesitate to contact me.

Otherwise, I am sure of your readiness to co-operate with us, and expect to receive your payment by return.

Yours sincerely,

Sprechen Sie Ihren Partner in der Ich-Form an

Weisen Sie auf Ihre Zwänge hin, im Interesse aller Kunden handeln zu müssen

Appellieren Sie an die Kooperationswilligkeit Ihres Partners

Zweite Mahnung

Sehr geehrte Frau Galore,

es enttäuschte mich, dass ich nichts mehr von Ihnen hörte, nachdem wir darauf hingewiesen hatten, dass der Betrag von £ 4.556,90 lange überfällig ist.

Wie wir in unserem Schreiben vom 15. Oktober ausführten, liegt es im Interesse aller unserer Kunden, dass wir die Laufzeit von offenen Rechnungsbeträgen begrenzen.

Da Sie bisher Ihre Rechnungen immer zur Fälligkeit beglichen haben, frage ich mich, ob es irgendwelche Gründe für die Nicht-Zahlung gibt. Sollte dies der Fall sein, setzen Sie sich bitte umgehend mit mir in Verbindung.

Andernfalls bin ich mir Ihrer Bereitschaft zur Kooperation sicher und erwarte Ihre umgehende Zahlung.

Mit freundlichen Grüßen

Die Wendung *"may we ..."* entspricht dem deutschen „dürfen wir ...“; es ist eine höfliche Formulierung, um unangenehme Aufforderungen zu entschärfen.

"We draw your attention to ..." ist wesentlich direkter, aber nicht so höflich.

Der Volksmund hat auch im Englischen einige sehr plastische Ausdrücke für Abzahlungsgeschäfte. Dem deutschen „auf Stottern kaufen" entspricht etwa das englische *"buy on the never-never"*. Kreditgeber (*lenders*), die Geld unter Wucherbedingungen (*on usurious terms*) (Wucher = *usury*, Wucherer = *usurer*) ausleihen, werden gelegentlich auch als *"loan sharks"* (Kredithaie) bezeichnet.

Zweite Mahnung – normaler Kunde 57

Letterhead

17 May 1998

Our ref.: in-re- 785/98

Royal Oak Furniture Ltd.
Mr Robin Banks
23 Eldon Way
PORTSMOUTH
PO2 9QZ
Great Britain

Dear Mr Banks,

Second Reminder

On 20 April I reminded you of an overdue balance of £3,350 in our favour.

Unfortunately, you have ignored our payment request. I am therefore obliged to ask you now to give this matter absolute priority and let us have your cheque or remittance by 25 May at the latest.

Please understand that we will not carry out any further orders unless your balance is settled.

Yours truly,

Zweite Mahnung

Sehr geehrter Herr Banks,

am 20. April erinnerten wir Sie an die überfällige Rechnungssumme von £ 3.350 zu unseren Gunsten.

Bedauerlicherweise haben Sie unser Zahlungsersuchen nicht beachtet. Ich muss Sie daher bitten, dieser Sache absoluten Vorrang einzuräumen und uns einen Scheck oder eine Überweisung bis spätestens 25. Mai zukommen zu lassen.

Bitte haben Sie Verständnis, dass wir bis zum Ausgleich Ihrer Rechnung keine weiteren Aufträge ausführen.

Mit freundlichen Grüßen

Sprechen Sie Ihre erste Mahnung klar an

Setzen Sie eine Zahlungsfrist

Zeigen Sie Konsequenzen auf, wie z. B. Nichtbelieferung bis zur Zahlung

---

Das deutsche Wort „warnen" wird wiedergegeben:

warn not to do something = warnen, etwas zu tun
warn of/about = warnen vor
Beware of the dog! = Warnung vor dem Hund!

58 Dritte Mahnung – Alternative 1

Letterhead

31 August 1998

Our ref.: rd3/234/98

Kenning & Sons
Mr Bob Slowcoach
122d Kings Road
Chelsea
LONDON
SW3 4PL
Great Britain

Dear Mr Slowcoach,

THIRD REMINDER

Weisen Sie auf den Ernst der Situation hin

Your payment is long overdue and is beginning to concern us.

Weisen Sie auf Vorteile hin, die der Kunde durch Ihr Entgegenkommen hatte

Your good credit rating has enabled you to purchase from us on convenient terms at a substantial discount. Because of your previous prompt payment record, we have also been glad to serve as a reference when you have applied for credit with other suppliers.

Setzen Sie eine kurze Frist zum Ausgleich

It is important that you effect payment in the very near future in order to retain your good credit rating and to continue receiving a substantial discount. Please remit the outstanding amount of £2,488 to our bank before the end of this week. If this is not possible, please call or send us a fax today.

Yours truly,

Dritte Mahnung

Sehr geehrter Herr Slowcoach,

Ihre Zahlung ist seit langem überfällig und wir beginnen uns Sorgen zu machen.

Aufgrund Ihrer hohen Kreditwürdigkeit konnten Sie bei uns zu angenehmen Konditionen mit erheblichem Rabatt einkaufen. Wegen Ihrer bisherigen prompten Zahlung standen wir Ihnen auch als Referenz zur Verfügung, wenn Sie bei anderen Lieferanten um Kredit nachsuchten.

Wenn Sie auch künftig kreditwürdig bleiben und Ihren Anspruch auf hohe Rabatte behalten wollen, ist Ihre Zahlung dringend nötig. Bitte überweisen Sie bis Ende dieser Woche den Betrag von £ 2.488 an unsere Bank. Falls dies nicht möglich ist, rufen Sie uns bitte heute an oder faxen Sie uns.

Hochachtungsvoll

The last bezeichnet den letzten einer Reihe, Gegensatz dazu ist *the first*, *the latest* bezeichnet das Neueste, Gegensatz ist *the earliest*.

His last words were ... Seine letzten Worte waren ...
Our latest model ... Unser neuestes Modell ...

Dritte Mahnung – Alternative 2   59

Letterhead

July 4, 1998

Our ref.: lrd/12/12/97

OKY TOKY Inc.
Ms.Takes
434 Post Street
SAN FRANCISCO, CA
94102
USA

Dear Ms.Takes,

THIRD REMINDER

I am sorry to have to note that you have <u>completely ignored</u> our requests for payment of the long overdue amount of $4,879 in our favor.

<u>This is our last reminder.</u> If you do not settle the account by July 11, we will unfortunately be obliged to pass this matter on to our solicitors.

We assume that you wish to avoid such proceedings, with all the <u>unpleasant consequences,</u> and look forward to your settling the balance.

Sincerely yours,

Dritte Mahnung

Sehr geehrte Frau Takes,

ich bedauere feststellen zu müssen, dass Sie unsere bisherigen Zahlungserinnerungen über den längst überfälligen Betrag von $ 4.879 zu unseren Gunsten unbeachtet ließen.

Dies ist unsere letzte Mahnung. Sollten Sie den Betrag bis 11. Juli nicht ausgeglichen haben, werden wir bedauerlicherweise gezwungen sein, die Sache an unsere Anwälte weiterzuleiten.

Wir nehmen an, dass Sie dies mit all seinen negativen Folgen vermeiden möchten und erwarten Ihren Rechnungsausgleich.

Hochachtungsvoll

Weisen Sie auf Ihre früheren Mahnungen hin

Stellen Sie klar, dass es die letzte Mahnung ist

Drohen Sie Konsequenzen an

Das Wort „Schuld" wird je nach Bedeutung wiedergegeben mit:

fault = allgemeines Verschulden (verantwortlich sein)
somebody is to blame = jemand ist schuldig (Verantwortung)

guilt = moralische/juristische Schuld
debt = Schuld (Geld oder Dank)
owe = schulden (*I.O.U.* = *I owe you* – ich schulde dir/Ihnen, Schuldanerkenntnis)

STS | Verlag

NEU

- Sie erhalten perfekte Briefe für nahezu jeden Anlaß.
- Sie finden in kürzester Zeit die richtige Formulierung.
- Sie erleichtern sich die Arbeit und schaffen sich Freiraum.
- Sie finden alle Briefe auch auf Diskette. Datei einfach laden. Mit den individuellen Daten ergänzen. Ausdrucken. Fertig.

Buch plus Diskette nur DM *49,80*

inkl. MwSt., zzgl. Porto
136 Seiten,
ISBN 3-86027-196-2
Best. Nr. 08240

Die 100 wichtigsten Geschäftsbriefe
in Französisch!

International erfolgreiche Unternehmer bestätigen: Reden und Schreiben ist nicht dasselbe. Wer weltweit souverän agieren möchte, muß auch seiner Geschäftspost den richtigen Ton geben. Das kostet Zeit.
Erleichtern Sie sich die Arbeit – mit den 100 wichtigsten Geschäftsbriefen in Französisch. Jedes Anschreiben wurde von kompetenten Autoren in ihrer Muttersprache erstellt, praxisgeprüft und entspricht sprachlich dem neuesten Stand. Zu jedem Brief erhalten Sie jeweils die deutsche Übersetzung. Die 100 wichtigsten Geschäftsbriefe in Französisch gehören in jedes Büro.

Kooperationspartner:
Deutsche Post

**Die 100 wichtigsten Geschäftsbriefe in Französisch bekommen Sie in jeder qualifizierten Buchhandlung. Oder direkt beim STS Verlag, Fraunhoferstraße 5, 82152 Planegg.
Bestellen Sie einfach per Fax: 089 / 8 95 17 - 250. Oder per Telefon: 089 / 8 95 17 - 0.**

Verträge – Informationen

Verträge

		Seite
60	Vereinbarung einer Handelsvertretung	74
61	Begleitschreiben zum Vertragsentwurf	75
62	Vertrag über Transportversicherung	76
63	Bitte um Vertragsaufhebung	77
64	Kündigung eines Vertrags	78

Allgemeine Informationen

		Seite
65	Geschäftseröffnung anzeigen	79
66	Geschäftsaufgabe anzeigen	80
67	Änderung der Anschrift	81
68	Begleitbrief zum Geschäftsbericht	82
69	Ausscheiden eines Gesellschafters	83
70	Ankündigung eines neuen Vertreters	84
71	Ankündigung eines Besuchstermins	85
72	Bestätigung eines Besprechungstermins	86
73	Dank für Gastfreundschaft	87
74	Bitte um Vorschläge für Werbekampagne	88
75	Verlustanzeige für Kreditkarte	89
76	Schadensanzeige an Versicherung	90

60 Vereinbarung
einer Handelsvertretung

Agency Agreement

The following agency agreement is concluded between

the signatory of Morrison Potteries Ltd., Bath, Dr Polly Filler, as principal, hereinafter referred to as "the Firm"

and

Mr Robin Banks, Reygate, as General Agent, hereinafter referred to as "GA".

The GA shall assume the sole agency for the products of the Firm in Germany as from 1 September 1998.

The GA shall be allowed a commission of 5% on all orders forwarded by him.

The GA shall receive a fixed monthly allowance of £3,000.00. This allowance shall cover all expenses incurred, including travel expenses.

The Firm is prepared to aid the GA with appropriate advertising. Total advertising costs shall not exceed £10,000.00 annually.

The GA shall not represent any competing firm during the period for which this agreement is valid.

This agreement shall become valid on the date of signature. This agreement may be terminated by either party subject to six months' notice on expiry of a minimum term of three years.

Any amendments to this agreement shall be made in writing.

Any disputes arising shall fall under the jurisdiction of Bath, England.

Bath, 15 June 1998

Dr Polly Filler
Principal

Robin Banks
General Agent

Vertretungsvertrag

Dieser Vertretungsvertrag wird zwischen den folgenden Parteien geschlossen: Dr. Polly Filler, Signatar der Morrison Potteries, Ltd, in Bath, als Auftraggeber (nachfolgend als „Firma" bezeichnet).

und

Herrn Robin Banks, Reygate, als Generalagent (nachfolgend als „GA" bezeichnet).

Der GA wird ab dem 1. September 1998 die Alleinvertretung für die Erzeugnisse der Firma in Deutschland übernehmen.

Der GA erhält eine Provision in Höhe von 5 % auf alle von ihm vermittelten Aufträge.

Der GA erhält ein monatliches Gehalt von £ 3.000. Dieses Gehalt deckt alle damit verbundenen Ausgaben, einschließlich Reisespesen.

Die Firma unterstützt den GA mit angemessener Werbung, die gesamten Kosten für Werbung dürfen jährlich £ 10.000 nicht übersteigen.

Der GA vertritt keine Konkurrenzunternehmen, solange dieser Vertrag gültig ist.

Der Vertrag wird mit dem Datum der Unterzeichnung gültig. Nach einer Mindestlaufzeit von drei Jahren kann der Vertrag von jeder Partei mit einer Frist von sechs Monaten gekündigt werden.

Änderungen dieses Vertrages bedürfen der Schriftform.

Für Streitigkeiten aus diesem Vertrag ist der Gerichtsstand Bath, England.

Bath, 15. Juni 1988

Für Unternehmer sind die gebräuchlichsten Bezeichnungen *employer* und *businessman*. Die Wendung „er ist Unternehmer" wird häufig wiedergegeben mit *he is in business, entrepreneur* ist sehr anspruchsvoll, und – Vorsicht – *undertaker* heißt ausschließlich Leichenbestatter.

Das Einzelunternehmen (*sole tradership, one-man business, individual proprietorship*) ist die einfachste Unternehmensform, Eigentum (*ownership*), Geschäftsführung (*management*) und Kontrolle (*control*) liegen in einer Hand. Der Einzelunternehmer kann jedoch die Geschäftsführung in die Hände eines leitenden Angestellten (*executive*) legen und sich selbst auf die Kontrolle beschränken. Auf jeden Fall haftet er unbeschränkt (*his liability is unlimited*), also auch mit dem Privatvermögen (*he is liable to the full extent of his private fortune*).

Begleitschreiben 61
zum Vertragsentwurf

Letterhead

4 August 1998

Ms Karen Gould MA
Brumy & Sons Ltd.
14 Prince of Wales Road
SHEFFIELD
S94 3EX
Great Britain

Dear Ms Gould,

Agency Agreement

I refer to our telephone conversation of Thursday last week, and am pleased to confirm the agency agreement giving you sole agency for our products in South Africa.

Please find enclosed two copies of our terms for the agency agreement. Please study its provisions carefully and return both copies initialled to me. If there should be any comments or amendments which you would like to make with regard to the contents, please let me know.

Should you have any further queries concerning the terms of the agreement, please do not hesitate to contact me as well.

I look forward to our forthcoming meeting to discuss the final agreement, and hope that this is the beginning of a long and mutually beneficial co-operation.

Yours sincerely,

Encl.

Sehr geehrte Frau Gould,

ich beziehe mich auf unser Telefongespräch von Donnerstag letzter Woche. Ich freue mich, Ihnen den Agentur-Vertrag zu bestätigen, der Ihnen das Alleinvertretungsrecht für unsere Produkte in Südafrika überträgt.

Sie finden zwei Ausfertigungen der Vertragsbestimmungen beigelegt. Bitte studieren Sie die einzelnen Punkte gründlich und senden Sie mir beide Exemplare paraphiert zurück. Sollten Sie Ergänzungen oder Änderungen des Inhaltes wünschen, teilen Sie es mir bitte mit.

Sollten Sie weitere Fragen hinsichtlich der Vertragsbedingungen haben, zögern Sie bitte nicht, sich ebenfalls mit mir in Verbindung zu setzen.

Ich freue mich auf unser bevorstehendes Treffen, um die endgültige Vertragsfassung zu besprechen, und hoffe, dass dies der Beginn einer langen und gegenseitig ertragreichen Zusammenarbeit sein wird.

Mit freundlichen Grüßen

Anlage

Legen Sie mindestens zwei Entwürfe bei

Fordern Sie zur gründlichen Lektüre auf

Zeigen Sie sich evtl. verhandlungsbereit

query ist das förmlichere Wort für Frage, question wäre hier stilistisch unangemessen

---

Wie bei allen Verträgen ist es wichtig, dass alle Möglichkeiten fixiert werden. Unklarheiten sollten vermieden werden, legen Sie daher alle Daten genau fest, insbesondere Beginn, Dauer, Kündigungsfristen und Gerichtsstand. Formulieren Sie knapp und präzise, je länger die Sätze sind, desto ungenauer die Aussagen und umso größer die Interpretationsmöglichkeit. Bei der Gestaltung von Verträgen haben die Parteien grundsätzlich im Rahmen der gesetzlichen Ge- bzw. Verbote Gestaltungsfreiheit. Sie können nach ihrem Belieben frei gestaltete Verträge schließen, sog. atypische Verträge. Sie können freie Gestaltung mit typischen Verträgen verbinden, sog. gemischte Verträge, oder sie können sich auf einen im Verkehr üblichen oder gesetzlich festgelegten Vertrag einigen, sog. typische Verträge; diese werden am häufigsten sein bei Kauf, Miete u.a.

62 Vertrag über Transportversicherung

Letterhead

Our ref.: sl/443/rs

Mr Jonathan Davies
SECURITY & MORE Ltd.
118 Cromwell Road
LONDON
SW7E 6LB
Great Britain

Dear Mr Davies,

<u>Combined Commercial Policy</u>

We require an <u>insurance policy covering all risks</u> for the following items for the transportation of a consignment of fine bone china and crystals:

a) 150 Shima Giftware coffee services £ 45,000

b) 100 Worcester Bowl dinner services £ 55,000

c) 12 Harrowgate Crystal sets £ 50,000

As we have contracted to deliver door-to-door, in addition to marine insurance we require a further policy to cover transportation from the port of destination to our customer's address as listed below.

Please refer to the <u>copy of the contract</u> enclosed for further details concerning the goods to be insured.

We look forward to your favourable offer.

Yours sincerely,

<u>Encl.</u>

Geben Sie an, gegen welche Risiken Sie versichern wollen, meist werden „all risks" versichert

Beziffern Sie den Wert

Legen Sie eine Kaufvertragskopie bei

Kombinierte Versicherungs-Police

Sehr geehrter Herr Davies,

für den Transport einer Sendung von feinem Knochenporzellan und Kristallgläsern benötigen wir eine Versicherungs-Police, die alle Risiken für die folgenden Artikel umfasst:

150 Kaffee-Services Shima Giftware £ 45.000,--
100 Speise-Services Worcester Bowl £ 55.000,--
12 Sätze Harrowgate Crystal £ 50.000,--

Unser Vertrag sieht vor, dass wir von Unternehmen zu Unternehmen liefern, wir benötigen deshalb zusätzlich zur Seeversicherung eine weitere Police, die den Transport vom Bestimmungshafen zur Kundenadresse - wie unten angegeben - absichert.

Bitte beziehen Sie sich auf den beigefügten Vertrag mit weiteren Details die zu versichernden Waren betreffend.

Wir erwarten Ihr günstiges Angebot.

Mit freundlichen Grüßen

Anlage

Lloyd´s of London: Internationaler Versicherungsmarkt, auf dem insbesondere Sachversicherungen abgeschlossen werden können. Haupttätigkeitsbereiche sind Seeversicherung, Luftverkehrsversicherung, Kraftfahrzeugversicherung und allgemeine Sachversicherung. Die Mitglieder von Lloyd´s sind als Gruppen (*syndicates*) zusammengeschlossen und betreiben ihr Geschäft auf eigene Rechnung. Die im Markt tätigen Versicherer (*underwriters*) schließen Versicherungen nur mit ausdrücklich zugelassenen Mittelsmännern (*Lloyd´s brokers*) ab.

Bitte um Vertragsaufhebung 63

Letterhead

14 April 1998

Export Division
Romanes & Patterson Ltd.
Avenfield House
127 Park Lane
LONDON
W1Y 3AS
Great Britain

Dear Sir/Madam,

We are very sorry that we will not be able to supply the heavy-duty milling machines which you ordered on 25 March.

A fire broke out in our production plant last week, destroying all our assembly lines. We have now cleared away the debris, but it will be several months before we are able to resume production. Under these circumstances we are compelled to ask you to release us from the contract.

We are sure that you will understand the seriousness of our situation, which is due to circumstances well beyond our control.

You will hear from us as soon as everything is repaired so that we are in a position to serve you again.

Yours faithfully,

Bedauern Sie, Ihrem Kunden nicht zu Diensten sein zu können

Erklären Sie den Grund

Bitten Sie um Verständnis

Betonen Sie Ihr Interesse an Ihrem Kunden

Sehr geehrte Damen und Herren,

wir bedauern sehr, dass wir nicht in der Lage sein werden, die Hochleistungs-Fräsen, die Sie am 25. März bestellten, auszuliefern.

Letzte Woche brach ein Feuer in unserer Produktion aus, das alle Fertigungsbänder zerstörte. Zwischenzeitlich haben wir zwar die Trümmer beseitigt, es wird jedoch Monate dauern, bevor wir die Produktion wieder aufnehmen können. Unter diesen Umständen sehen wir uns gezwungen, Sie zu bitten, uns aus dem Vertrag zu entlassen.

Wir sind sicher, dass Sie den Ernst unserer Situation verstehen, die auf Umstände zurückgeht, die weit außerhalb unseres Einflussbereiches liegen.

Sie werden wieder von uns hören, sobald alles wieder in Stand gesetzt ist und wir wieder in der Lage sein werden, Sie zu bedienen.

Mit freundlichen Grüßen

Der *underwriter* ist Vertragspartner (*partner to the contract*) für Versicherungsabschlüsse, nicht die *Corporation of Lloyd's*. Er steht im Geschäft mit unbeschränkter und persönlicher Haftung (*transacts business with unlimited and personal liability*). Sein Kapital für das Versicherungsgeschäft (*underwriting deposit*) muss er in einen Prämienfonds einzahlen, der auf Grund eines Treuhandvertrages (*deed of trust*) verwaltet wird und aus dem die Schadensanprüche (*claims*), Kosten und festgestellte Gewinne (*ascertained profits*) ausbezahlt werden dürfen. In den Fonds gehen die laufenden Prämien und es werden Schadensreserven (*underwriting reserves*) aufgebaut.

64 Kündigung eines Vertrages

2 January 1998

Mr Franco Lopez
PROSPEX CIA
19 Rua São Vicente
1202 PRAIA
CAPE VERDE

Dear Mr Lopez,

Termination of contract

We regret having to inform you that, effective from 1 April 1998, we are forced to terminate our contract with you dated 1 January 1993.

We have ceased all export shipments to the Republic of Cape Verde, as sales there have steadily decreased over the past few years.

Please accept our thanks for the excellent co-operation you have given us.

We hope that you will understand our decision.

Sincerely yours,

Nennen Sie den exakten Termin der Vertragskündigung, beachten Sie die Fristen exakt

Geben Sie den Grund für die Vertragskündigung an

Danken Sie für gute Zusammenarbeit und bitten Sie um Verständnis für diese Maßnahme

---

Vertragskündigung

Sehr geehrter Herr Lopez,

wir bedauern, Ihnen mitteilen zu müssen, dass mit Wirkung vom 1. April 1998 wir gezwungen sind, den Vertrag vom 1. Januar 1997 mit Ihnen zu kündigen.

Wir haben alle Exporte in die Republik Kap Verde eingestellt, da die Umsätze in den letzten Jahren stetig zurückgingen.

Wir bedanken uns für die ausgezeichnete Zusammenarbeit mit Ihnen.

Wir hoffen auf Ihr Verständnis für unsere Entscheidung.

Mit freundlichen Grüßen

Wer immer ein geschäftliches Unternehmen (*concern, enterprise, undertaking, business, venture, firm*) beginnt, muss entscheiden, ob er den Weg alleine gehen oder das Risiko mit anderen teilen will (*share the risk*). Ein Teilhaber (*partner in business*) ist meist sehr bemüht, Umsatz und Gewinn (*turnover and profit*) zu steigern. Handelsrecht (*commercial law*), Vertragsrecht (*law of contract*) und die Gesetze über Aktiengesellschaften (*Companies Acts, Corporations Acts*) lassen viel Gestaltungsfreiheit (*freedom of legal arrangement*).

Geschäftseröffnung anzeigen 65

Letterhead

2 August 1998

Sporthire Ltd,
P.O. Box 132
COBHAM
KT11 3BT
Great Britain

Dear Sir/Madam,

Opening of a branch

We wish to announce that we have opened a sales office for our products here in Cobham, Surrey at 14 Abbey Road.

We employ a staff of consultants and a well trained and equipped service department which makes routine checks and repairs on all equipment purchased or leased from us.

We would be pleased if you would take full advantage of our services and favourable shopping facilities.

Yours faithfully,

Eröffnung einer Zweigstelle

Sehr geehrte Herren,

wir möchten Ihnen mitteilen, dass wir ein Verkaufsbüro für unsere Produkte in Cobham, Surrey, Abbey Road 14 eröffnet haben.

Wir beschäftigen Berater und verfügen über eine gut geschulte und bestens ausgestattete Service-Abteilung, die Routine-Checks und Reparaturen an allen Geräten vornimmt, die bei uns gekauft oder geleast wurden.

Wir würden uns freuen, wenn Sie umfassenden Gebrauch von unseren Dienstleistungen und günstigen Einkaufsmöglichkeiten machen würden.

Mit freundlichen Grüßen

Präsentieren Sie sich und Ihre Produkte/Dienstleistungen positiv

Laden Sie direkt ein, aus Ihren Leistungen Nutzen zu ziehen

Als englisches Wort für Unternehmen gibt es zunächst *concern*, das im Gegensatz zum Deutschen nichts über Größe aussagt, *business* und *firm* sind Umgangssprache, *undertaking* ist sehr bescheiden, *enterprise* wirkt hochgestochen, *company* wird häufig verwendet, auch wenn es die Unternehmensform nicht immer exakt beschreibt.

66 Geschäftsaufgabe anzeigen

30 June 1998

Messuwan Bank Co.
P.O. Box 4561
TEHERAN 15
IRAN

Dear Sir or Madam,

Termination of Business

Due to the recently imposed trade embargo, we no longer do any import-export business with your country.

We will therefore no longer be using our account with you, and would appreciate your closing it. Please transfer the closing balance to our bank in Germany.

We regret very much this development, which is far beyond our control.

Please accept our warmest thanks for the excellent and always pleasant business relations which we have had with you.

Yours faithfully,

Nennen Sie den Grund für die Schließung der Filiale, möglichst neutral bzw. positiv darstellen

Weisen Sie evtl. drauf hin, dass sie keinen Einfluss auf die Geschehnisse haben

Bedanken Sie sich für gute Zusammenarbeit

Beendigung der Geschäftsbeziehung

Sehr geehrte Damen und Herren,

auf Grund des kürzlich verhängten Wirtschaftsembargos unterhalten wir mit Ihrem Land keinerlei Import-Export-Beziehungen mehr.

Aus diesem Grund werden wir von dem bei Ihnen eingerichteten Konto keinen Gebrauch mehr machen und bitten Sie, es abzuschließen. Bitte überweisen Sie den Abschlusssaldo an unsere Bank in Deutschland.

Wir bedauern diese Entwicklung, die weit außerhalb unseres Einflussbereiches liegt, sehr.

Wir bedanken uns ausdrücklich für die ausgezeichneten und stets angenehmen Geschäftsbeziehungen mit Ihnen.

Mit freundlichen Grüßen

Während der unselbständig Beschäftigte (*employee*) meist mit wenig Schreibarbeit (*paper work*) auskommt, muss der Selbständige (*independent businessman/woman, self-employed person*) Bücher und Aufzeichnungen führen (*keep business records, maintain records*); auf keinen Fall darf er die Bücher frisieren (*to cook the books, to fiddle the books*). Viele Gewerbetreibende (*traders*) bedienen sich eines Steuerberaters (*employ a qualified accountant*).

Änderung der Anschrift 67

Letterhead

November 15, 1998

Cincinnati Microwave
Dept 005
1 Microwave Plaza
CINCINNATI, OH
45242-9502
USA

Dear Sir or Madam,

Our change of address as from December 1

Our small company is growing thanks to the support of friendly and loyal customers, such as yourself.

Please note that our firm will be trading from a new address as from December 1.

Our new address is:

Electronic Devices
15 Gardner Road
FAIRFIELD, N.J.
07006

There is no change to our telephone and fax numbers.

Could you please inform the appropriate departments of the change?

Faithfully yours,

Adressenänderung ab 1. Dezember

Sehr geehrte Damen und Herren,

dank der Unterstützung unserer freundlichen und treuen Kunden, so wie Sie selbst, wächst unser kleines Geschäft.

Bitte nehmen Sie zur Kenntnis, dass unser Unternehmen vom 1. Dezember unter einer neuen Adresse firmiert.

Unsere neue Anschrift lautet:

Electronic Devices Ltd.
15 Gardner Road
Fairfield, N.J. 07006

Unsere Telefon- und Faxnummer ändert sich nicht.

Informieren Sie bitte Ihre betroffenen Abteilungen von der Änderung.

Mit freundlichen Grüßen

Teilen Sie mit, ab wann die neue Adresse gilt

Verbinden Sie den Umzug mit positiver Selbstdarstellung, danken sie ihren Kunden

Bitten Sie, die entsprechenden Abteilungen zu informieren

Im englischen wie im amerikanischen Steuerrecht ist nicht detailliert vorgegeben, wie die Bücher geführt werden müssen. Es gibt die Einnahmen-Ausgaben-Rechnung (*cash method, cash receipts and disbursement method*). Die Zuwachs-Methode (*accrual method*) bedeutet, dass Einkünfte angegeben werden (*income is reported*), sobald sie verdient sind (*earned*), auch wenn sie noch nicht tatsächlich eingingen (*not yet received*); Kosten werden abgezogen, auch wenn sie noch nicht zu Ausgaben geführt haben (*cost incurred but not yet paid*).

68 Begleitbrief zum Geschäftsbericht

Letterhead

Ms. Pamela Barlaston
Georgia Boot Inc.
P.O. Box 781
FRANKLIN, TN
37064
USA

Dear Ms. Barlaston,

Please find enclosed the quarterly statement for Georgia Boot Inc.

It reflects not only our financial results, but also our visions and goals for the future, and provides information about what we want to achieve for our shareholders, customers, suppliers, employees and all our friends world-wide.

Please do not hesitate to let me know should any question arise. The Information Department and myself are always at your service.

Sincerely yours,

Encl.

Sehr geehrte Frau Barlaston,

Sie erhalten beigefügt den Vierteljahres-Bericht der Georgia Boot Inc.

Er enthält nicht nur unsere Betriebsergebnisse, sondern auch unsere Visionen und Ziele für die Zukunft. Er informiert auch darüber, was wir für unsere Aktionäre, Kunden, Lieferanten, Mitarbeiter und alle unsere Freunde weltweit erreichen wollen.

Zögern Sie bitte nicht, uns wegen jeder damit zusammenhängender Frage anzusprechen.

Unsere Informationsabteilung und ich selbst stehen immer gerne zu Ihrer Verfügung.

Mit freundlichen Grüßen

Die im englischen Sprachraum gebräuchlichen halbjährlichen bzw. vierteljährlichen Reports (half-yearly/quarterly statements of results/earnings) sind deutlich kürzer als deutsche Bilanzen

Stehen Sie für Fragen zur Verfügung

Zu einer ordentlichen Buchhaltung gehört auch die jährliche Inventur (*annual stocktaking/inventory*), d. h. die Feststellung der Werte des Vorrats zu Jahresbeginn (*year-beginning value of stock*). Bei Handelskaufleuten (*dealers, merchants*) ist die Inventur meist auf Handelsware (*merchandise, stock in trade*) beschränkt, in einem produzierenden Unternehmen (*manufacturer, manufacturing business*) sind die Bestände (*inventories*) z. B. Rohmaterial (*raw material*), in Arbeit befindliche Erzeugnisse (*work in progress [w.i.p.], partly-manufactured goods, semi-manufactured goods*), Fertigerzeugnisse (*finished goods, products*), manchmal auch Schrott (*scrap*) und wiederaufbereiteter Abfall (*recycled waste*); ein Großteil von Glas, Papier etc. ist wiederaufbereitbar (*recyclable*).

Ausscheiden eines Gesellschafters 69

Letterhead

3 May 1998

Stevens Travel Ltd.
94 High Street
HAMPTON HILL
TW12 1PA
Great Britain

Dear Madam or Sir,

We wish to inform you that our partner of long years, Mr Manfred Klages, is retiring from our firm as of 1 June for reasons of health.

The two principal partners, Mrs Gabi Steyer and Mr Herbert Drucker have hence become the owners of the company.

Yours faithfully,

Sehr geehrte Damen und Herren,

wir möchten Sie informieren, dass unser langjähriger Gesellschafter, Herr Manfred Klages, zum 1. Juni aus gesundheitlichen Gründen ausscheidet.

Mit diesem Vorgang werden die beiden Hauptgesellschafter, Frau Gabi Steyer und Herr Herbert Drucker, Inhaber der Gesellschaft.

Mit freundlichen Grüßen

Teilen Sie einen Grund und den exakten Zeitpunkt des Austritts mit

Stellen Sie die neuen Verhältnisse vor

Schließen sich mehrere Unternehmen zu einem gemeinsamen Geschäft zusammen, ohne die persönliche Haftung zu beschränken, bilden sie eine Personengesellschaft (*partnership*), die in etwa der Gesellschaft des bürgerlichen Rechts bzw. der OHG entspricht. Wie der Einzelunternehmer ist jeder Teilhaber voll haftbar für alle Schulden und Verpflichtungen, die ein Gesellschafter (*partner*) oder die Gesellschaft eingeht (*fully liable for all debts and obligations which the partnership or a single partner occurs*). Ein Gemeinschaftsunternehmen, das nur für eine bestimmte Zeit existieren soll oder ein Gelegenheitsunternehmen ist ein *joint venture*.

70 Ankündigung eines neuen Vertreters

Letterhead

12 October 1998

Mr Hans van den Bosch
Purchasing Manager
VIK NV
14 Middelandstraat 33b
NL-3014 ROTTERDAM

Dear Mr van den Bosch,

New Sales Contact

Mr Peter Gray, our salesman who personally took care of your business over the past four years, is no longer with our company, as he has entered business for himself.

While we wish him the best, we want you to know that your orders are appreciated at our company. We intend to give you the same service, quality and reasonable prices as we have in the past.

Mr Kevin Grant, who is replacing Mr Gray, will call on you shortly to discuss our new product launch.

We enclose our latest catalogue together with our current price list.

Please feel free to call us at any time if we can be of assistance to you.

Yours sincerely,

Encls.

Stellen Sie den Grund für den Wechsel dar

Präsentieren Sie den Nachfolger

Nutzen Sie die Ankündigung für Werbung

Neuer Vertreter

Sehr geehrter Herr van den Bosch,

Herr Peter Gray, der Ihr Geschäft während der letzten vier Jahre persönlich betreute, ist nicht mehr für uns tätig. Herr Gray hat sich selbständig gemacht.

Während ihn unsere besten Wünsche begleiten, möchten wir Ihnen mitteilen, dass unser Unternehmen Ihre Aufträge auch weiterhin zu schätzen weiß. Es liegt uns sehr daran, Ihnen den gleichen Service, die gleiche Qualität und vernünftige Preise anzubieten, wie wir es in der Vergangenheit auch taten.

Herr Kevin Grant, der Herrn Gray nachfolgt, wird Sie in Kürze besuchen, um die Einführung unseres neuen Produktes mit Ihnen zu besprechen.

Wir legen unseren neuesten Katalog und unsere aktuelle Preisliste bei.

Bitte rufen Sie uns an, wenn wir Ihnen helfen können.

Mit freundlichen Grüßen

Anlagen

Ein Gemeinschaftsunternehmen auf Dauer würde am ehesten die Rechtsform (*form/type of business organisation*) der Kapitalgesellschaft wählen. Sie kann durch formlose Vereinbarung (*informal agreement*) gegründet werden (*established*) oder durch einen förmlichen Gesellschaftsvertrag (*a formal deed of partnership*). Er regelt die Kapitaleinlagen (*capital contributions*), den Anteil am Geschäft (*interest/share in business*) und die Gewinn- und Verlustanteile (*share in the profits and losses*).

Ankündigung eines Besuchstermins   71

Letterhead

8 April 1998

DAKS CLOTHES Ltd.
66 Hammersmith Road
LONDON
W1A 2AS
Great Britain

Dear Madam or Sir,

We would like to inform you that Mr Carl Reiners will visit you in your offices on Tuesday 12 May at 10.30 am.

This visit will allow us to discuss the latest difficulties in qualities and delivery dates, and to explore how these problems can be avoided in future.

Mr Reiners is fully authorised to act in our name.

We would appreciate prompt confirmation of this appointment. If it is not suitable, please suggest an alternative date to us.

Yours faithfully,

Sehr geehrte Damen und Herren,

wir möchten Ihnen mitteilen, dass Herr Carl Reiners Sie am Dienstag, 12. Mai um 10:30 in Ihrem Hause besuchen wird.

Das gibt uns Gelegenheit, die neuesten Schwierigkeiten in Qualität und bei Lieferterminen zu besprechen und herauszufinden, wie diese Probleme in Zukunft vermieden werden können.

Herr Reiners ist umfassend ermächtigt, in unserem Namen zu handeln.

Bitte bestätigen Sie uns umgehend diese Vereinbarung. Sollte Ihnen der Termin ungelegen sein, schlagen Sie uns bitte eine Alternative vor.

Mit freundlichen Grüßen

Kündigen Sie den Besuch genau an

Geben Sie den Zweck des Besuchs bekannt, das hilft, die Gespräche besser vorzubereiten

Teilen Sie mit, dass Ihr Vertreter Vollmacht hat

Bitten Sie um eine Bestätigung, legen Sie evtl. einen Vordruck bei

---

Im Gesellschaftsvertrag wird festgehalten, wer tätiger (*active*) bzw. geschäftsführender (*managing*) Gesellschafter ist. Die stillen Teilhaber sind im Englischen *sleeping partners*, im Amerikanischen *silent partners*. Da der *sleeping* oder *silent partner* voll haftet – im Gegensatz zu unserem Recht – empfiehlt es sich, den deutschen stillen Teilhaber als *secret/non-active partner with limited liability* zu bezeichnen.

72 Bestätigung
eines Besprechungstermins

Letterhead

10 February 1998

Ms Clare McLeod
Halley Glassware Ltd.
27 Bruce Street
ABERDEEN
AB9 1FR
Great Britain

Dear Ms McLeod,

Thank you for your kind letter of 6 February. I would like to confirm that I will be available to see you at our branch at 123 Tilbury Road on Wednesday, 12th at the time you suggest.

Yours sincerely,

Wiederholen Sie alle Daten und Termine des Treffens genau, um Missverständnisse zu vermeiden

Überlassen Sie – höflicherweise – den Vorschlag des Zeitpunktes Ihrem Gast

---

Sehr geehrte Frau McLeod,

vielen Dank für Ihr freundliches Schreiben vom 6. Februar. Ich bestätige, dass ich zu Ihrer Verfügung stehe und Sie in unserer Zweigstelle in der Tillbury Road 123 am Mittwoch, den 12., zu jeder Zeit, die Sie vorschlagen zu Ihrer Verfügung stehen kann.

Mit freundlichen Grüßen

Das Wort *firm* hat wie das deutsche Wort Firma zwei Bedeutungen – das Unternehmen selbst und den Handelsnamen, unter dem es geführt wird (*under which it is operated*).
In England und Amerika gibt es kein unserem System entsprechendes allgemeines Handelsregister (*trade register, general register of enterprises*), es existiert jedoch ein Firmenregister (*Register of Business Names*), in das Phantasienamen (*fancy names*) der Firmen eingetragen werden, andernfalls werden die Namen der Gesellschafter in der Firma genannt.

Dank für Gastfreundschaft 73

Letterhead

5 May 1998

Ms Donna Reese
Director of Finance
Haberdashy & Potterston Ltd.
1 Curzon Street
LONDON
W1Y 7WB
Great Britain

Dear Ms Reese,

We would like very much to express our appreciation for the cordial reception you gave Mr Swan of our company.

We are convinced that the arrangements drawn up at that meeting will benefit both sides.

We wish to confirm the appointment made with Ms Keyes of your company to visit us toward the end of next month for further discussions.

Please rest assured that Ms Keyes will be considered our guest for the duration of her visit.

Yours sincerely,

Sehr geehrte Frau Reese,

haben Sie herzlichen Dank für den angenehmen Empfang, den Sie Herrn Swan aus unserem Hause bereitet haben.

Wir sind völlig sicher, dass die Vereinbarungen, die in diesem Treffen erzielt wurden, für beide Seiten positive Auswirkungen haben werden.

Wir möchten auch die Vereinbarung mit Frau Keyes aus Ihrem Hause, uns gegen Ende des nächsten Monats für weitere Gespräche zu besuchen, bestätigen.

Wir versichern Ihnen, dass Frau Keyes für die Dauer Ihres Besuchs als unser Gast betrachtet wird.

Mit freundlichen Grüßen

Danken Sie für den herzlichen Empfang

Zeigen Sie sich optimistisch für beide Seiten

Nutzen Sie die Gelegenheit, sich erkenntlich zu zeigen

Die Vor- und Nachteile der *partnership* liegen dicht beisammen. Die unbeschränkte Haftung gibt ihr eine hohe Kreditwürdigkeit (*credit worthiness/standing/backing*), andererseits ist sie keine selbständige juristische Körperschaft (*corporate personality*), sie besitzt keine rechtliche Wesenheit (*legal entity*). Die *partnership* kann auch nur im Namen der einzelnen *partner* klagen (*to sue*) oder beklagt werden (*be sued for*). Die rechtliche Eigenständigkeit der *partnership* ist deutlich geringer als die der OHG.

74 Bitte um Vorschläge
für Werbekampagne

Letterhead

February 22, 1998

World of Advertising
328 Stockton Blvd
SACRAMENTO CA
95817
USA

Dear Ladies and Gentlemen,

You have been recommended to us by our business associates, Messrs Stock & Partner, Düsseldorf, Germany, as a competent PR agency.

We are one of the leading manufacturers of radar antennas in Europe. We are enclosing some illustrative material on our company in order to give you an idea of our product range. As we want to set foot on the American continent, we are planning a big advertising campaign all over the States. We are thinking of a drawing contest on radar antennas with a $25,000 grand prize, open to all. There are 300 prizes at all, totaling over $100,000.

The deadline for entering is March 15, 1999. Winners will be notified - and a winners list sent to all entrants - on or before May 1. The drawings could be concrete or abstract. One of our aims - besides advertising - is to discover new talents.

You have complete freedom of choice as far as ideas are concerned. We will be relying on your professional experience in setting up advertising campaigns. Overall expenditure should be discussed. It must not exceed $40,000 however.

If you are interested in working on our behalf, please contact Mr. Roger Molesworth on 312-445.

We look forward to receiving your positive proposals soon.

Faithfully yours,

Encls.

Messrs (Abkürzung für Messieurs), Firma, wird nur verwendet, wenn der Firmenname ein Personenname ist

---

Sehr geehrte Damen und Herren,

Sie wurden uns von unseren Geschäftsfreunden Firma Stock & Partner in Düsseldorf als eine kompetente PR Agentur empfohlen.

Wir sind einer der führenden Hersteller von Radar-Antennen in Europa. Um Ihnen Vorstellung unseres Unternehmens zu geben, legen wir einige Bildprospekte bei. Da wir auf dem amerikanischen Kontinent Fuß fassen möchten, planen wir eine große Werbekampagne in ganz Amerika. Wir stellen uns einen Zeichen-Wettbewerb über Radar-Antennen vor, mit einem ersten Preis von $ 25.000, an dem jedermann teilnehmen kann. Insgesamt gibt es mehr als 300 Gewinne mit einem Gesamtwert von über $ 100.000.

Der Einsendeschluß ist der 15. März 99. Die Gewinner werden vor oder am 1. Mai benachrichtigt - jeder Teilnehmer erhält eine Liste mit allen Gewinnern. Die Zeichnungen können gegenständlich oder abstrakt sein. Eines unserer Ziele - neben der Werbung - ist es, neue Talente zu entdecken.

Was die Ideen anlangt, haben Sie völlige Wahlfreiheit. Wir verlassen uns auf Ihre professionelle Erfahrung im Entwerfen von Werbekampagnen. Die Gesamtausgaben sollten diskutiert werden, sie dürfen jedoch $ 40.000 nicht übersteigen.

Falls Sie interessiert sind für uns zu arbeiten, setzen Sie sich bitte mit Herrn Roger Molesworth in Verbindung unter Tel. 3 12-4 45.

Wir sehen Ihren positiven Vorschlägen entgegen.

Mit freundlichen Grüßen

Anlagen

Ein bedeutender Zweig der Volkswirtschaft ist die Werbung (*advertising*); Tag für Tag stellt sie die Verbindung zwischen Anbietern (*suppliers*) und Nachfragern (*consumers*) her. Neben dem Internet sind die wichtigsten Medien (*media*) die Presse (*press*), Fernsehen, (*television*), Radio (*radio*), Kino (*cinema/movies*), Plakate (*posters, bills*) an Werbeflächen (*hoardings, bill boards*), Postwurfsendungen (*direct mail, mailings*), z. B. als Rundschreiben (*circulars*).

Verlustanzeige für Kreditkarte   75

Letterhead

February 22, 1998

World-Wide-Card Co.
522 N. Parkinson Road
Rosemont
CHICAGO, IL
60018
USA

Dear Ladies and Gentlemen,

LOSS OF CREDIT CARD No. 3344550099

This is to confirm my telephone call of this morning with Ms. Joy Stick, in which I informed you of the loss of my abovereferenced credit card in Nairobi, Kenya, last night.

I request that you cancel it with immediate effect.

I trust - as promised by Ms Joy Stick - you will send me a replacement to my hotel in Nairobi by courier. You will find the address of my hotel on the attached card.

Faithfully yours,

Encl.

Verlust der Kreditkarte Nr. 3344550099

Sehr geehrte Damen und Herren,

hiermit bestätige ich das Telefongespräch mit Frau Joy Stick von heute vormittag, in dem ich Sie vom Verlust meiner oben erwähnten Kreditkarte gestern abend in Nairobi, Kenia, in Kenntnis setzte.

Ich bitte Sie, diese mit sofortiger Wirkung zu stornieren.

Ich hoffe, dass Sie mir - wie von Frau Joy Stick zugesagt - einen Ersatz in mein Hotel in Nairobi per Kurier zusenden. Sie finden die Adresse meines Hotels auf der beigefügten Visitenkarte.

---

to cancel = stornieren

to cancel each other out = sich ausgleichen, neutralisieren

Andere Ausdrücke für unverzüglich sind: at once, immediately, take immediate action, without delay

76 Schadensanzeige an Versicherung

Letterhead

21 June 1998

Weaver & Lloyd Insurance Company
P.O. Box 654
WORCESTER
WR1 2JT
Great Britain

Dear Sir/Madam,

On 14 June we despatched a consignment of 250 towels to our customer Romanes & Paterson, 62 Princes Street, Edinburgh. The parcel was sent „Company's Risk", as you can see from the attached photocopy of the consignment note.

The customer informed us yesterday that the textiles arrived in an unsaleable condition, due to the fact that the wrappings of the parcel were torn and the textiles thus got soaked with water. He is returning the goods to us and asking for a replacement.

Would you be so kind as to send us an assessor to evaluate the damaged goods and to arrange to indemnify us for the amount involved.

We trust the matter will be settled as a matter of urgency.

Yours faithfully,

Sehr geehrte Herren,

am 14. Juni sandten wir eine Lieferung von 250 Handtüchern an unseren Kunden Romanes & Paterson, 62 Princes Street, Edinburgh. Das Paket wurde auf Risiko des Lieferers verschickt, wie Sie aus der beigefügten Kopie der Versandnote ersehen können.

Der Kunde informierte uns gestern, dass die Textilien in einem unverkäuflichen Zustand ankamen auf Grund der Tatsache, dass die Umhüllung des Pakets zerrissen war und die Textilien daher völlig durchnäßt wurden. Er sendet uns die Ware zurück und verlangt Ersatz.

Senden Sie uns bitte einen Sachverständigen zur Schätzung der beschädigten Ware und zur Festsetzung des Schadensbetrages.

Wir gehen davon aus, dass die Sache umgehend erledigt wird.

Mit freundlichen Grüßen

Legen Sie eine Kopie des Vertrages bei

Bitten Sie um Begutachtung des Schadens

Bitten Sie in Ihrem Hinweis und im Interesse Ihres Kunden um rasche Bearbeitung, eine schnelle Reaktion ist notwendig, da der Versicherte verpflichtet ist, bei Teilschäden o. ä. den Schaden möglichst gering zu halten

---

Der Versicherer (*insurer*) stellt dem Versicherungsnehmer (*insured person / policy holder*) eine Versicherungspolice (*insurance policy*) aus, in der er sich verpflichtet, bei Eintritt eines Schades (*damage incurred*) eine bestimmte Summe zu zahlen. Der Versicherungsnehmer verpflichtet sich, eine Versicherungsprämie (*premium*) zu leisten.

Einladungen – Anfragen – Auskünfte

Einladungen

	Seite
77 Einladung zum Firmenjubiläum	92
78 Einladung zur Messe	93
79 Dank für Einladung nachträglich	94
80 Dank für Einladung mit Terminbestätigung	95
81 Absage einer Einladung	96

Allgemeine Anfragen und Auskünfte

	Seite
82 Anfrage nach geeignetem Gesprächspartner	97
83 Anfrage zur Kreditwürdigkeit	98
84 Negative Auskunft zur Kreditwürdigkeit	99
85 Kreditantrag	100
86 Ablehnung eines Kreditwunsches	101
87 Anfrage wegen Auslandsstudiums	102
88 Anfrage an Seminarhotel	103

77 Einladung zum Firmenjubiläum

> Zur Feier von 25 Jahren erfolgreicher Geschäftstätigkeit
> lädt John Rowlett Estate Agents Ltd.
> am Mittwoch, 11. September 1998 um 20 Uhr
> zu einem Stehempfang im Ritz-Carlton, Sydney, ein.
> u.A.w.g.
>
> Mr Peter Montague-Parrott
> John Rowlett Estate Agents Ltd.
> 14 Carrington Street
> Sydney

> To celebrate 25 years of successful business
>
> John Rowlett Estate Agents Ltd.
>
> request the pleasure of your company for drinks at the
> Ritz-Carlton, Sydney,
>
> on Wednesday 11 September 1998 at 8 pm.
>
> RSVP
>
> Mr Peter Montague-Parrott
> John Rowlett Estate Agents Ltd.
> 14 Carrington Street
> Sydney

am bzw. pm werden nur in formal betonten Texten verwendet, es wird nicht gesprochen, sondern man sagt für „7 am" korrekt „seven o´clock in the morning" und für 4 pm „four o´clock in the afternoon"

RSVP ist die international verwendete Abkürzung für „répondez s´il vous plaît", deutsch: um Antwort wird gebeten

---

Das Fragewort „wie" muss je nach Sinnzusammenhang übersetzt werden mit:

how = wie, auf welche Art und Weise bzw. wie, in welchem Maße
what is ... like = wie (Beschreibung)
what is ... called = wie heißt (Benennung)

see/hear etc. somebody do/doing = wie (Beschreibung nach sinnlicher Wahrnehmung, z. B. *I saw him get/getting out of the house* – Ich sah, wie er das Haus verließ)

Einladung zur Messe 78

Letterhead

8 January 1998

Dr Marylin O. Faye
Coupure 29A
B-8000 BRUGGE
BELGIUM

Dear Ms Faye,

The Munich Fair is due to take place from 3 to 9 March this year.

We are pleased to inform you that we are among the exhibitors and would like to invite you to visit our stand No. 653 in Hall C.

You will find some new models which should be of special interest to you, and we take pleasure in informing you of improvements which we have made in our production line enabling us to reduce prices substantially.

We enclose three complimentary tickets for your convenience.

We look forward to meeting you at our stand, and would also like to take the opportunity of thanking you for the trust you have placed in us in the past.

Yours sincerely,

Encls.

Sehr geehrte Frau Faye,

die Münchener Messe findet in diesem Jahr vom 3. bis 9. März statt.

Wir freuen uns, Sie zu informieren, dass wir zu den Ausstellern zählen, und möchten Sie einladen, uns am Stand Nr. 653 in Halle C zu besuchen.

Sie werden einige neue Modelle vorfinden, die für Sie von speziellem Interesse sein dürfen. Wir freuen uns, Sie über einige wichtige Verbesserungen zu informieren, die wir in unserer Produktion vorgenommen haben und die es uns ermöglichen, unsere Preise deutlich zu senken.

Wir legen drei Freikarten zu Ihrer Verwendung bei.

Wir freuen uns darauf, Sie an unserem Stand zu treffen, und möchten ebenfalls die Gelegenheit ergreifen, Ihnen für Ihr Vertrauen, das Sie bisher in uns gesetzt haben, zu danken.

Mit freundlichen Grüßen

Anlagen

Geben Sie den Termin der Messe an, nutzen Sie ein Treffen zur Kontaktvertiefung, zur Präsentation neuer Produkte

Erwähnen Sie Vorteile für den Kunden

Legen Sie Freikarten bei

Vereinbaren Sie evtl. einen genauen Termin, um sich Ihrem Gast besonders intensiv widmen zu können

---

Vorsicht ist geboten bei dem Wort „Chef":

boss = Vorgesetzter
manager = Vorgesetzer, Geschäftsführer (mein Vorgesetzter = immer: the manager, niemals mit dem Possessiv-Pronomen wie z. B. my boss!)

head = Leiter von Organisationen
chef (*de cuisine*) = Küchenmeister
chief = Häuptling, ansonsten in der Bedeutung Chef nur in Zusammensetzungen

79 Dank für Einladung
nachträglich

25 July 1998

Mr and Mrs Garrett
15 Oxford Street
CAMBRIDGE
CB2 3QP
Great Britain

Dear Jenny and Robert,

    Thank you so much for a most enjoyable Saturday evening. The food and drink was really great. You are such excellent hosts. We haven't enjoyed ourselves so much for ages!

    Hope your house wasn't in too much of a mess!

Kind regards,

Liebe Jenny, lieber Robert,

herzlichen Dank für einen höchst angenehmen Samstagabend. Das Essen und die Getränke waren einfach großartig. Ihr seid die perfekten Gastgeber. Wir haben uns seit langem nicht mehr so gut amüsiert.

Wir hoffen, das Durcheinander bei Euch hat sich in Grenzen gehalten!

Herzliche Grüße

In Privatbriefen wird grundsätzlich jeder Absatz eingerückt (indentend form), im Geschäftsbrief ist dies auch möglich, gebräuchlicher ist jedoch die Form ohne Einrückungen (blockform)

Die Kurzformen für „not" werden nur im Privatbrief verwendet, bei formellen Briefen sind sie strikt zu vermeiden

Die persönliche Schlussformel könnte auch lauten: With good wishes

---

Das deutsche Wort „Rezept" wird übersetzt mit:

prescription = ärztliches Rezept
recipe = Kochrezept
cure, remedy = Rezept für bzw. gegen etwas
receipt = Quittung, Erhalt (z. B. eines Briefes)
reception = Empfang (Gesellschaft, Funk)
come across = zufällig finden

come round to = sich anfreunden mit (einer Idee, Standpunkt)
come up = erwähnt werden
come up with = etw. erfinden, eine gute Idee haben
come off = gelingen

Dank für Einladung 80
mit Terminbestätigung

Letterhead

6 April 1998

Ms Sissy K. Speecup
54-56 Riverside
CARDIFF
CF1 2JW
Great Britain

Dear Ms Speecup,

I was <u>most pleased</u> to receive your kind invitation to meet you on the occasion of the Munich Fair. In reply to your letter, I have the pleasure of confirming our meeting at your stand on Monday, 18 May, at 3 pm.

I hope that you will then be able to demonstrate your new generation of computers. I would be particularly interested in learning more about the advantages of your latest developments.

I look forward with great interest to meeting you and would like to thank you very much for the <u>complimentary tickets</u> provided.

Yours sincerely,

Sehr geehrte Frau Speecup,

ich war außerordentlich erfreut über Ihre freundliche Einladung, Sie anlässlich der Münchner Messe zu treffen. In Beantwortung Ihres Schreibens bestätige ich unsere Besprechung für Montag, 18. Mai um 15 Uhr an Ihrem Stand.

Ich hoffe, dass Sie mir dann Ihre neue Computer-Generation vorführen können. Ich bin besonders daran interessiert, mehr über die Vorteile Ihrer neuesten Entwicklungen zu erfahren.

Mit großem Interesse sehe ich unserem Treffen entgegen und möchte mich für die Freikarten sehr herzlich bedanken.

Mit freundlichen Grüßen

Zeigen Sie Ihre Freude über das Treffen

Bestätigen Sie Ort und Termin

Danken Sie für Freikarten oder sonstige Vergünstigungen

Bei der Presse wird unterteilt in überregionale Zeitungen (*national newspapers*), Lokalblättern (*regional/local newspapers*), Illustrierten (*magazines*), Zeitschriften (*periodicals*), wirtschaftlichen oder technischen Fachblättern (*trade or technical journals*), reinen Anzeigenzeitungen (*free-sheets, flyers*) und sonstigen Publikationen (*publications*).

81 Absage einer Einladung

Letterhead

28 March 1998

Mr John D. Gowry
2 Albemarle Street
LONDON
W1X 3HF
Great Britain

Dear Mr Gowry,

Bedauern Sie Ihre Absage

Geben Sie den Grund an

I regret very much not being able to accept your kind invitation to deliver a speech on domestic economic developments at your annual meeting in November due to prior arrangements.

Machen Sie einen Vorschlag, die Situation positiv zu gestalten

If you should need a substitute speaker, please call me on Wednesday next week and I will only be too glad to make some suggestions to you.

Thank you very much again for your kind invitation

Yours sincerely,

Sehr geehrter Herr Gowry,

ich bedauere sehr, Ihre freundliche Einladung nicht annehmen zu können. Wegen früherer Verpflichtungen bin ich nicht in der Lage, bei Ihrer Jahreshauptversammlung im November eine Rede über binnenwirtschaftliche Entwicklung zu halten.

Sollten Sie einen Ersatz-Redner benötigen, rufen Sie mich doch bitte Mittwoch nächster Woche an und es wird mir eine Freude sein, Ihnen einige Vorschläge zu machen.

Nochmals herzlichen Dank für Ihre freundliche Einladung.

Mit freundlichen Grüßen

Anfrage 82

nach geeignetem Gesprächspartner

Letterhead

Our ref.: IB/uls

3 July 1998

London Chamber of Commerce
613 Grand Buildings
Trafalgar Square
LONDON
WC2
Great Britain

Dear Sir or Madam,

We would be grateful if you could provide us with some information in your capacity as the London Chamber of Commerce.

We are a well-known vocational school in Munich, and the question has been raised here as to whether the London Business Fair, due to take place from 8 to 12 May, would be suitable to present our services.

As it was impossible for us to collect information regarding the organisers, we would be most grateful if you could tell us whom we might approach.

Please find enclosed our prospectus detailing our vocational programme.

Yours faithfully,

Encl.

Sehr geehrte Damen und Herren,

wir wenden uns an Sie als der London Chamber of Commerce mit der Bitte um Auskunft.

Wir sind eine renommierte berufliche Schule in München und sehen uns mit der Frage konfrontiert, ob die London Business Fair, die vom 8. bis 12. Mai stattfindet, geeignet wäre, unsere Dienstleistungen zu präsentieren.

Da es für uns nicht möglich war, Informationen, die Organisatoren betreffend zu erhalten, wären wir Ihnen sehr verbunden, wenn Sie uns mitteilen würden, an wen wir uns wenden können.

Anliegend überreichen wir Ihnen einen Prospekt, der unser berufliches Programm ausführlich darstellt.

Mit freundlichen Grüßen

Anlage

Im Umgang mit Behörden/Institutionen sollte der Ton betont formal und höflich sein

Stellen Sie sich und Ihr Unternehmen selbstbewusst vor, legen Sie Prospekte bei

Formulieren Sie Ihr Anliegen knapp und klar

Besonders in Großbritannien wird im Umgang mit Behörden ein sehr traditioneller Sprachstil gepflegt, dies gilt auch für die juristische Diktion, die oft als „legalese" (juristenchinesisch) bezeichnet wird.

83 Anfrage zur Kreditwürdigkeit

Letterhead

October 18, 1998

Credit Controller
Keating Inc.
572 Route 28
WEST YARMOUTH, MA
02673
USA

Dear Mr. Yates,

We are writing to you at the recommendation of
Ms Donna Garter, Purchasing Manageress at Woody Stochs Inc.,
Boston MA, 171 Harrison Ave.

She advised us to contact you as a referee concerning credit
terms which her company has asked us to allow them.

Could you confirm that the company clears their accounts on due
dates and is creditworthy to arrange a line of credit up to
$15,000 in transactions?

We would be grateful for a reply at your earliest possible
convenience.

Sincerely yours,

Vornehmlich im amerikanischen gebraucht, BE auch in der Bedeutung Leiterin eines (kleineren) Hotels, Laden etc. — (Manageress)

Sehr geehrter Herr Yates,

wir schreiben Ihnen auf Grund einer Empfehlung von Frau Donna Garter, Einkaufsleiterin bei Woody Stochs Inc., Boston MA, 171 Harrison Ave.

Frau Garter empfahl uns, mit Ihnen Kontakt aufzunehmen und nannte Sie als Referenz bezüglich der Kreditbedingungen, um die uns ihr Unternehmen gebeten hat.

Können Sie uns bestätigen, dass das Unternehmen die Rechnungen zum Fälligkeitsdatum begleicht und bis zu einer Summe von $ 15.000 kreditwürdig ist?

Für eine möglichst rasche Antwort wären wir Ihnen dankbar.

Mit freundlichen Grüßen

Das Hilfsgewerbe der Kreditauskunfteien (*credit reference bureaus/agencies, rating bureaus/agencies*) untersuchen den geschäftlichen Ruf (*credit standing*) und die Kreditwürdigkeit (*credit worthiness*) von Kreditnehmern. Sie sammeln Unterlagen (*records*) über Gerichtsurteile (*court judgements*), Konkursverfahren (*bankruptcy proceedings*), sehen Vergleichurkunden (*deeds of arrangement*) und Sicherungs-Übereignungen (*bills of sale*) ein, informieren sich über gerichtliche Anordnungen (*decrees*), Zahlungen auf Grund von Gerichtsurteilen (*satisfaction of judgement*), Zwangsverwaltung (*estates sequestered*) sowie Mitteilungen über uneinbringliche Schulden (*bad debts*).

Negative Auskunft   84
zur Kreditwürdigkeit

Letterhead

September 28, 1998

Your ref.: UP/sw 667

Zypher
P.O. Box 97023
REDMOND, WA
98073-8722
USA

Dear Ms Dunne,

Your inquiry UP/sw

The firm mentioned on the attached slip was established in 1993 with a capital of £5,000. The business does not seem to have developed satisfactorily.

The firm's capital appears to be insufficient for the large stocks which they carry, and they hence find it difficult to obtain credit. A writ was issued last December but was later withdrawn. Our advice is to supply on a cash basis only.

Please note that this information is given in strict confidence, and of course without responsibility on our part.

Sincerely yours,

Ihre Anfrage UP/sw 667

Sehr geehrte Frau Dunne,

die auf dem beigefügten Zettel erwähnte Firma wurde 1993 mit einem Kapital von £ 5.000 gegründet. Es hat den Anschein, als ob sich das Geschäft nicht zufriedenstellend entwickelt hat.

Die Kapitaldecke des Unternehmens scheint nicht auszureichen für die großen Lagervorräte, die es führt. Es ist daher schwierig für das Unternehmen, Kredit zu erhalten. Eine Vollstreckungsmaßnahme wurde letzten Dezember eingeleitet, wurde aber später wieder zurückgenommen. Unser Rat lautet, ausschließlich auf Barzahlungsbasis zu liefern.

Bitte beachten Sie, dass diese Information streng vertraulich und natürlich ohne jede Verantwortlichkeit unsererseits erteilt wird.

Mit freundlichen Grüßen

Aus Gründen der Diskretion wird der Name der fraglichen Firma lediglich auf einem beigelegten Zettel erwähnt, der vom Empfänger nach Kenntnisnahme vernichtet wird

Betonen Sie die Vertraulichkeit

Schließen Sie jede Verantwortung aus

Die einfachste und zugleich häufigste Form des Kredits ist der Lieferantenkredit (*account/trade credit*), den der Kaufmann seinen Kunden ohne große Formalität (*formality*) gewährt. Das Gegenstück dazu ist der formale Kreditvertrag (*formal credit contract*), in dem die Rückzahlungsbedingungen (*conditions of repayment*) und die Kosten des Kredits (*credit charges*) geregelt sowie die Sicherheit (*security*) enthalten und im Falle des Zahlungsverzuges (*in the event of default in payment*) die Rückgabe der Ware vereinbart ist. Beim Eigentumsvorbehalt (*retention of ownership/title*) bleibt das Eigentum an der Ware beim Verkäufer (*the property/ownership in the goods remains in the seller*) bis die Ware bezahlt ist.

85 Kreditantrag

Letterhead

27 February 1998

Consumer's Bank Co.
20 High Street
HULL
HU2 6EW
Great Britain

Dear Sir/Madam,

Credit Application

Geben Sie den Grund für Ihren Kreditwunsch an

Please let us know on what conditions you would be prepared to grant a current account advance in order to take advantage of favourable market prices.

Bieten Sie Sicherheiten an

We are able to offer you the assignment of all accounts receivable as security.

Additional securities could be obtained if required.

Legen Sie Bilanzen o.ä. bei

We are enclosing our balance sheets for the last three years for your information.

Nennen Sie Referenzen

Please contact the Chamber of Commerce in London should you require further information on our company's solvency.

Yours faithfully,

Sehr geehrte Herren,

bitte teilen Sie uns mit, zu welchen Konditionen Sie bereit wären, uns einen Kontokorrentkredit zu gewähren, damit wir von den günstigen Marktpreisen Gebrauch machen können.

Als Sicherheit bieten wir Ihnen die Abtretung aller erzielbaren Einkünfte an.

Falls nötig, sind wir in der Lage, auch weitere Sicherheiten zu bieten.

Zu Ihrer Information fügen wir unsere Bilanzen der letzten drei Jahre bei.

Sollten Sie weitere Informationen über unsere Liquidität wünschen, wenden Sie sich bitte an die Handelskammer in London.

Mit freundlichen Grüßen

Anlagen

Die im englischen Sprachraum gebräuchlichen halbjährlichen bzw. vierteljährlichen Reports (*half-yearly/quarterly statements of results/earnings*) sind deutlich kürzer als die deutschen Bilanzen. Meist wird in Tabellenform eine Übersicht dargelegt über Anlagenzugänge (*additions*), Anlagenabgänge (*disposals, retirements*), Umbuchungen (*transfers*) sowie über die Bewertung (*valuation*)

Ablehnung eines Kreditwunsches — 86

Letterhead

3 October 1998

Your ref.: lo-98-10

Our ref.: HS-MN- 98-10

Wadsworth Potteries Ltd.
Gladys Wadsworth
10 Clayfield Square
BURNLEY
BB10 1RX
Great Britain

Dear Ms Wadsworth,

Further to our meeting on 26 September, <u>I am sorry</u> to have to inform you that we will not be able to offer you a bridging loan at present.

Our decision to turn down your request was influenced by the current economic situation, which has affected our policy on loans to all sectors of commerce and industry. Furthermore, all loans must be covered by securities.

Once again I am sorry not to have better information for you, but hope that we may be of <u>more help in the future.</u>

Yours sincerely,

Sehr geehrte Frau Wadsworth,

im Anschluss an unser Treffen am 26. September bedauere ich, Ihnen mitteilen zu müssen, dass wir im Moment nicht in der Lage sind, Ihnen einen Überbrückungskredit zu gewähren.

Unsere Entscheidung, Ihre Bitte abzulehnen, wurde von der gegenwärtigen wirtschaftlichen Situation mitbestimmt, die wiederum unsere Geschäftspolitik bei Darlehen für alle Bereiche des Handels und der Industrie beeinflusst. Darüber hinaus müssen alle Darlehen durch Sicherheiten gedeckt sein.

Ich bedauere nochmals, keine bessere Nachricht für Sie zu haben. Ich hoffe aber, dass wir Ihnen in der Zukunft besser helfen können.

Mit freundlichen Grüßen

Bedauern Sie, im Moment keinen Kredit gewähren können

Weisen Sie positiv auf die Zukunft hin

Wichtige Verben mit Präpositionen, die vom Deutschen abweichen und immer die „-ing-Form" nach sich führen:

think of	daran denken	*be interested in*	interessiert an
look forward to	sich freuen auf	*be used to*	gewöhnt sein an
be good at	gut sein in	*be crazy about*	verrückt sein nach
be fond of	etwas gerne tun	*talk about*	sprechen von
be keen on	sehr interessiert sein an		

87 Anfrage wegen Auslandsstudium

Letterhead

10 September 1998

MBA University of London
Professor Ian Morrison
Dept C
64 St James's Street
LONDON
SW1A 1NF
Great Britain

Dear Professor Morrison,

I am a German student at the University of Passau doing a Master's Course in Business Studies. I intend to spend six months in England, from January next year, preparing for the MBA First Certificate.

Your college was recommended to me by a fellow student, and I would be most grateful if you could let me have details as to fees, dates and examinations.

Please also let me know if you can provide accommodation for me in London with an English family.

Many thanks for your attention.

I look forward to your early reply.

Yours sincerely,

Beschreiben Sie Ihre Tätigkeit

Nennen Sie Ihre Zielvorstellung, je genauer, desto passender wird die Antwort ausfallen

Fragen Sie nach Unterbringung, Unterrichtszeiten, Lehrpersonal, Abschlussmöglichkeiten usw.

Sehr geehrter Herr Professor,

ich bin Student der Betriebswirtschaft im Hauptstudium an der Universität Passau. Ich beabsichtige sechs Monate in England, beginnend Januar nächsten Jahres, zu verbringen, um mich auf mein MBA First Certificate vorzubereiten.

Ihr Institut wurde mir von einem Kommilitonen empfohlen und ich bitte Sie um Details zu Studiengebühren, Terminen und Prüfungen.

Bitte teilen Sie mir auch mit, ob Sie eine Unterkunft für mich bei einer englischen Familie in London vermitteln können.

Vielen Dank für Ihre Mühe.

Über eine rasche Antwort würde ich mich freuen.

Mit freundlichen Grüßen

Beachten Sie bei Telefonaten, dass die USA vier Zeit-Zonen haben. Das bedeutet, dass es z.B. in der *Eastern Time Zone (New York)* 9 Uhr vormittags, es in der *Central Zone (Chicago)* = 8 Uhr, in der *Mountain Zone (Denver)* 7 Uhr und in der *Pacific* oder *West Coast Region (San Francisco)* erst 6 Uhr ist; in Hawaii ist es gerade 4 Uhr.

Anfrage an Seminarhotel 88

Letterhead

2 March 1998

Selsdon Park Hotel
27 Welford Road
SOUTH CROYDON
Surrey
CR2 8YA
Great Britain

Dear Madam or Sir,

We are planning a seminar in Sanderstead, South Croydon, this year. Your hotel was recommended to me by my associates who stayed there last year. We would like information as to accommodation (12 single rooms, en suite facilities) and seminar facilities for twelve persons who will be attending a two-day training course on advertising.

The training course is planned to take place on 3 and 4 June of this year, and we would require a seminar room and facilities from 9.00 am to 5.30 pm on both days.

Geben Sie exakte Daten an

We would need the following facilities: full seating in U-form, a presentation platform, a flip chart, an overhead projector with an LCD display, a projection screen, a conference link telephone, full video equipment and recording facilities.

Welche Arbeitsgeräte benötigen Sie?

We should like coffee and biscuits to be served at 10.30, a three-course lunch in the restaurant, including table wine, at 12.30, tea and refreshments at 3.45 pm, and a four-course dinner in the restaurant, including table wine, at 7.30 pm. Telephone calls made from the rooms and the use of the mini-bar are to be charged individually.

Legen Sie alle Details fest

Please provide us with detailed information as soon as possible.

Thank you very much.

Yours faithfully,

Sehr geehrte Damen und Herren,

wir planen, dieses Jahr ein Seminar in Sanderstead, South Croydon, durchzuführen. Ihr Hotel wurde mir von meinen Kollegen, die letztes Jahr bei Ihnen waren, empfohlen. Wir bitten um Informationen über Unterkunft (12 Einzelzimmer, Dusche, WC) und Seminarmöglichkeiten für 12 Personen, die an einem zweitägigen Training zum Thema Werbung teilnehmen.

Das Training soll am 3. und 4. Juni d. J. stattfinden und wir benötigen einen Seminarraum samt Einrichtung von 09:00 bis 17:30 Uhr an beiden Tagen.

Wir benötigen folgende Ausstattung: volle Bestuhlung in U-Form, Präsentationsfläche, Flipchart, Overhead-Projektor mit LCD-Anzeige, Leinwand, Konferenztelefon, Videoausrüstung und Tonaufnahmegeräte.

Bitte servieren Sie uns Kaffee und Gebäck um 10:30, ein Drei-Gänge-Mittagessen im Restaurant, einschließlich Tischwein, um 12:30, Tee und Erfrischungen um 15:45 und ein Vier-Gänge-Abendessen im Restaurant, einschließlich Tischwein, um 19:30. Telefonate, die vom Zimmer geführt werden, und Minibar werden individuell abgerechnet.

Bitte senden Sie uns baldmöglichst detaillierte Informationen.

Vielen Dank

Mit freundlichen Grüßen

"Interesting" bedeutet interessant sein, *"Interested in"* bedeutet interessiert sein an etwas, *"He is very interested in more details"*. Gegenteil ist *"not interested"* oder *"uninterested"*: *"She seemed completely uninterested in his stories"*.

"Disinterested" heißt etwas völlig anderes nämlich "neutral" oder "unvoreingenommen": *"You should get advice from a disinterested third person"*.

- Sie erhalten perfekte Briefe für nahezu jeden Anlaß.
- Sie finden in kürzester Zeit die richtige Formulierung.
- Sie erleichtern sich die Arbeit und schaffen sich Freiraum.
- Sie finden alle Briefe auch auf Diskette. Datei einfach laden. Mit den individuellen Daten ergänzen. Ausdrucken. Fertig.

Buch plus Diskette nur DM *39,80*

inkl. MwSt., zzgl. Porto
136 Seiten
ISBN 3-86027-198-9
Best. Nr. 08242

Die 100 wichtigsten Geschäftsbriefe *in Deutsch!*

Die richtige Formulierung wirkt Wunder. Rechnungen werden schneller bezahlt. Reklamationen finden sofort Gehör. Ihre Anfragen erledigen sich wie von selbst. Lieferanten bemühen sich um Sie. Und, und, und. Mit den 100 wichtigsten Geschäftsbriefen in Deutsch geben Sie Ihrer Korrespondenz die perfekte Note: prägnant, freundlich, unkompliziert und in der Sache stets korrekt. Jedes Anschreiben wurde von kompetenten Autoren erstellt, praxisgeprüft und entspricht sprachlich dem neuesten Stand. Die 100 wichtigsten Geschäftsbriefe in Deutsch gehören in jedes Büro.

Kooperationspartner:

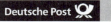

Die 100 wichtigsten Geschäftbriefe in Deutsch bekommen Sie in jeder qualifizierten Buchhandlung. Oder direkt beim STS Verlag, Fraunhoferstraße 5, 82152 Planegg.
Bestellen Sie einfach per Fax: 089 / 8 95 17 - 250. Oder per Telefon: 089 / 8 95 17 - 0.

Korrespondenzen

Personalkorrespondenz

	Seite
89 Stellenanzeige	106
90 Rundschreiben an das Personal	107
91 Lebenslauf – tabellarisch	108
92 Anschreiben zur Bewerbung	109
93 Zwischenbescheid auf Bewerbung	110
94 Absage auf Bewerbung	111
95 Arbeitszeugnis – positiv	112

Korrespondenz zu persönlichen Anlässen

	Seite
96 Glückwünsche zur Beförderung	113
97 Glückwünsche zum Jubiläum	114
98 Glückwünsche zum Geburtstag	115
99 Dank für langjährige Zusammenarbeit	116
100 Kondolenzschreiben	117

89 Stellenanzeige

Stellen Sie Ihr Unternehmen vor

Nennen Sie die Erwartungen an den Bewerber

Führen Sie Ihre Leistungen an

Career Opportunities in California, USA

<u>Westermayr Transportation Systems, Inc</u>. continues to set the pace in rebuilding the transportation infrastructure in California.
We are responsible for all our Californian operations related to mass transport and technology. We design and build Rail Vehicles from Tramways/Streetcars to Metro Cars. Our company is headquartered in Sacramento, California, right in the center of the valley between San Francisco and the Sierra Nevada Mountains.
This location offers many benefits, including a high quality of life, all kinds of leisure activities and a short commuting time.

If you are interested in an exciting career with advancement opportunities, consider the following position:

Mechanical Design Engineer

The position requires a BS or MS degree (TH- oder FH-Abschluss), <u>a minimum of three years</u> in the bus industry or related work experience and a good command of English. We need your strong experience in at least one of the following design areas: driver's cabs, passenger compartments and main equipment arrangement. Each position also requires a strong CAD background. Other tasks include customer and supplier interaction.

<u>We offer competitive salaries and a benefits package</u>. For consideration, please send your résumé to:

Karrierechancen in Kalifornien, USA

Westermayr Transportation Systems Inc. ist auch weiterhin führend in der Erneuerung der Verkehrs-Infrastruktur in Kalifornien. Wir sind verantwortlich für alle unsere kalifornischen Unternehmungen in Zusammenhang mit Massentransport und Technologie, wir entwerfen und bauen Schienenfahrzeuge von Straßenbahnen bis U-Bahnwaggons. Das Unternehmen hat seinen Sitz in Sacramento, Kalifornien, direkt im Zentrum des Tales zwischen San Francisco und der Sierra Nevada. Dieser Standort bietet viele Vorteile einschließlich einer hohen Lebensqualität, alle Freizeitmöglichkeiten und kurze Wege zum Arbeitsplatz.

Sind Sie an einer aufregenden Karriere mit anspruchsvollen Möglichkeiten interessiert? Dann sehen Sie sich die folgende Position an:

Mechanical Design Ingenieur

Die Stelle erfordert einen BS oder MS Hochschulabschluss (TH- oder FH-Abschluss), mindestens drei Jahre Erfahrung in der Omnibus-Industrie oder verwandte Erfahrung und gute Englischkenntnisse. Wir brauchen Ihre umfassende Erfahrung in mindestens einem der folgenden Design-Gebiete: Fahrstände, Passagierabteile, Anordnung der Hauptausstattung. Die Position erfordert ausgezeichnete CAD Kenntnisse. Weitere Aufgabenbereiche schließen Kunden- und Lieferantenkontakt ein.

Wir bieten Ihnen ein wettbewerbsfähiges Gehalt und umfangreiche Sozialleistungen. Bei Interesse senden Sie Ihre Bewerbungsunterlagen an:

Rundschreiben an das Personal   90

Letterhead

4 April 1998

MEMO 98/03

TO: All Sales Staff

FROM: Accounts Dept.

SUBJECT: Payments by cheque in our stores

All our staff should be clearly aware that fraud is increasing drastically. Bad cheques presented in our stores over the past year caused losses of nearly £25,000. It is, therefore, important for salespeople to be extremely vigilant.

There are a number of actions that should be taken in order to help minimise fraud:

1) Signatures on cheque cards and cheques should be compared carefully; expiry dates and limits should be checked.

2) Everybody must make sure that the cheques are filled in properly.

3) If you are not quite sure about a payment, contact a supervisor immediately.

If you follow these procedures this will not mean the solution of the problems caused by bad cheques, but you will help to reduce the number of those going through.

---

4. April 1998

MEMO 98/03

An: Belegschaft Verkauf

Von: Buchhaltung

Betreff: Scheckzahlungen in unseren Läden

Jeder Mitarbeiter sollte sich bewusst sein, dass Betrug drastisch zunimmt. Ungedeckte oder ungültige Schecks, die in unseren Filialen in den letzten Jahren vorgelegt wurden, verursachten einen Verlust von fast £ 25.000. Für jeden Verkäufer ist es daher wichtig, extrem wachsam zu sein.

Es gibt eine Reihe von Maßnahmen, die ergriffen werden sollten, um zu helfen, die Zahl der Betrugsfälle zu minimieren:

1) Vergleichen Sie die Unterschriften auf Scheckkarten und Schecks sorgfältig und überprüfen Sie Verfalldatums und Limits.

2) Stellen Sie sicher, dass die Schecks vollständig ausgefüllt sind.

3) Sind Sie mit einer Zahlung unsicher, sprechen Sie sofort mit einem Vorgesetzten.

Wenn Sie diesen Anweisungen folgen, löst das noch nicht das Problem der ungedeckten Schecks, aber Sie helfen, die Zahl derer, die durchgehen, zu reduzieren.

Genaue Angaben zum Memo wegen evtl. Konsequenzen daraus

Keine direkte Anrede

Im Englischen gibt es viele Möglichkeiten „werden" sprachlich darzustellen:

get = umgangssprachlich sehr häufig verwendet
become = bei Berufen
grow = langsames Werden

turn = plötzlich, schlagartig
fall ill/be taken ill = krank werden
get done with = fertig werden

91 Lebenslauf – tabellarisch

1) amerikanisch auch oft „Resumé" genannt

Curriculum Vitae[1)]

Personal Details
Name: Gabriele König
Address: Ginsterweg 14
79804 Dogern
Germany

Date of birth 2 March 1970
Place of birth: Stuttgart / Germany
Marital Status Single
Nationality German

Education
1980-89 Albert-Schweitzer-Gymnasium, Munich Germany
1989 Abitur (roughly equivalent to A levels)
1989-94 Friedrich-Alexander Universität Erlangen-Nürnberg
Diploma in Business Studies
Overall grade: 2.3

Work Experience
1994-96 Management trainee
HOECHST Werke
Frankfurt/Main
1996 - Assistant to the Management
Dr. Gruber GmbH & Co KG, Stuttgart

Hobbies and Interests Squash, tennis, theatre, painting

Referees Dr. Stefan Meillandt
Head of Personnel Development and Promotion
HOECHST Werke
60450 Frankfurt

Professor Gerd Kamme
Faculty of Economics
FAU Erlangen-Nürnberg
90480 Nürnberg

etc.

Lebenslauf

Persönliche Daten
Name: Gabriele König
Anschrift: Ginsterweg 14
79804 Dogern/Deutschland
Geburtstag: 2. März 1970
Geburtsort: Stuttgart/Deutschland
Familienstand: Ledig
Nationalität: Deutsch
Ausbildung
1980 - 89 Albert-Schweitzer-Gymnasium München/Deutschland
1989 Abitur (in etwa vergleichbar mit A levels)
1989 -94 Friedrich-Alexander Universität Erlangen-Nürnberg
Diplom in Betriebswirtschaft
Gesamt-Note: 2,3
Berufserfahrung
1994 - 96 Management Trainee
HOECHST Werke
Frankfurt/Main
1996 - Assistentin der Geschäftsleitung
Dr. Gruber GmbH & Co KG, Stuttgart
Hobbies/Interessen Squash, Tennis, Theater, Malen
Referenzen Dr. Stefan Meillandt, Leiter Personalentwicklung und -förderung
HOECHST Werke
60450 Frankfurt

Professor Gerd Kamme
Wirtschaftswissenschaftliche Fakultät
FAU Erlangen-Nürnberg
90480 Nürnberg

etc.

Verwechslungen können sich ergeben bei:

consistent = konsequent
consistency = Konsequenz, Standhaftigkeit
consequences = Folgen, Konsequenzen
consequent = folgend, sich ergebend

Anschreiben zur Bewerbung 92

Letterhead

February 2, 1998

Ron Beart Inc.
P.O. Box 5511
LONG ISLAND CITY, NY
11101
USA

Dear Ladies and Gentlemen,

Bilingual Secretary ref. Sec/541

I am writing in reply to your advertisement in „Business News" of February 1 for the post of Bilingual Secretary in your American division.

As you will see from my documents, I can speak a number of languages, as well as having the necessary academic qualifications and practical experience which I think would be advantageous to your company.

I feel I would respond well to such a challenging post.

I hope to have the chance of discussing the post in detail at an interview. Should you require any further information on my career, please contact me.

I am enclosing for your initial information my full résumé, testimonials, and the names of two referees as stipulated.

I look forward to hearing from you again.

Faithfully yours,

Encls.

Zweisprachige Sekretärin Ref. Sec/541

Sehr geehrte Damen und Herren,

ich schreibe Ihnen auf Ihre Anzeige in „Business News" vom 1. Februar für den Posten einer zweisprachigen Sekretärin in Ihrer Amerika-Abteilung.

Wie Sie aus meinen Unterlagen ersehen können, spreche ich mehrere Sprachen, ebenso verfüge ich über die notwendigen akademischen Abschlüsse und praktische Erfahrung, die für Ihr Unternehmen von Vorteil wären.

Ich bin der Ansicht, dass ich für diese Herausforderung gut geeignet bin.

Ich hoffe, dass ich Gelegenheit bekomme, die Stelle im Detail in einem Vorstellungsgespräch kennenzulernen. Sollten Sie zu meiner beruflichen Laufbahn mehr Informationen wünschen, setzen Sie sich bitte mit mir in Verbindung.

Zu Ihrer ersten Information lege ich wie gefordert den lückenlosen Lebenslauf, Zeugnisse und zwei Referenzen bei.

Ich freue mich, wieder von Ihnen zu hören.

Mit freundlichen Grüßen

Anlagen

Beziehen Sie sich auf die Annonce

Zeigen Sie sich überzeugt, dass Sie die richtige Persönlichkeit sind

Weisen Sie auf die Anlagen hin

Deutsch „wählen" wird wiedergegeben mit:

choose = wählen, aussuchen
vote (for) = wählen, stimmen für
elect = jemanden wählen
select = auswählen aus einer bestimmten Menge
dial = wählen (Telefon)

93 Zwischenbescheid auf Bewerbung

Letterhead

3 February 1998

Mr Rupert Braune
18 Brunel Street
Manchester
M5 6LB

Dear Mr Braune,

Many thanks for your letter of 20 January in which you applied for the post of export manager.

As there have been quite a number of applications, we would like to ask you to bear with us for a few more days as to our answer.

Please find enclosed our brochure giving you details of our company.

Yours sincerely,

Encl.

Sehr geehrter Herr Braune,

vielen Dank für Ihr Schreiben vom 20. Januar, mit dem Sie sich um die Stelle des Exportmanagers bewerben.

Da sehr viele Bewerbungen eingingen, möchten wir Sie bitten freundlicherweise noch ein paar Tage Geduld zu haben, was unsere Antwort anbelangt.

Beigelegt finden Sie unsere Broschüre, die Ihnen detaillierte Informationen zu unserem Unternehmen gibt.

Mit freundlichen Grüßen

Bedanken Sie sich für die Bewerbung

Geben Sie den Grund für die Verzögerung an und bitten Sie um etwas Geduld

Nutzen Sie die Gelegenheit zur Selbstpräsentation

Schulsystem in England und den USA:

Grundschule = Primary School (GB), Elementary School (USA)
Hauptschule/Realschule/Gymnasium/Gesamtschule = Secondary School (GB), Junior High (USA)
Oberstufe = Sixth Form (GB), High School (USA)
Abitur = A-Levels (GB), High School Diploma (USA)
Berufsfachschule = College of Further Education (GB), Vocational School (USA)
Fachhochschule = Polytechnic (GB), College (USA)
Universität = University (GB), University (USA)
Diplom = Diploma (GB), Certificate (USA)
1. Staatsexamen = Degree (BA or BSc) (GB), Bachelor's Degree (USA)
2. Staatsexamen = MA or MSc (GB), Master's Degree (USA)

Absage auf Bewerbung — 94

Letterhead

5 June 1998

Mr Robert Kleine
Obere Torstraße 44

A-4400 STEYR

Dear Mr Kleine,

Thank you for your letter dated 7 May in which you applied for the post of Head Engineer.

Having looked through your application papers carefully, we have come to the conclusion that your professional experience does not meet our requirements. For this reason we have not been able to consider your application for the post in question.

We are returning your application forms with this letter.

With best wishes for the future.

Yours sincerely,

Sehr geehrter Herr Kleine,

vielen Dank für Ihr Schreiben vom 7. Mai, mit dem Sie sich für den Posten eines Leitenden Ingenieurs beworben haben.

Nachdem wir Ihre Bewerbungsunterlagen sorgfältig durchgesehen haben, sind wir zu der Überzeugung gelangt, dass Ihre berufliche Erfahrung unseren Erwartungen nicht entspricht. Wir haben uns deshalb nicht in der Lage gesehen, Ihre Bewerbung für den fraglichen Posten zu berücksichtigen.

Wir senden Ihnen Ihre Bewerbungsunterlagen mit diesem Schreiben zurück.

Mit den besten Wünschen für Ihre Zukunft.

Mit freundlichen Grüßen

Danken Sie für die Bewerbung

Begründen Sie Ihre Ablehnung

Senden Sie die Unterlagen zurück

Wünschen Sie alles Gute für die Zukunft

Verlaufsformen

Die einfache Form verwenden Sie zur Darstellung
→ allgemeiner Tatsachen (London lies on the Thames. The sun rises in the East)
→ bei wiederholten Handlungen (He always sends the goods by ..., He never reads the letters.)
→ bei Vorgängen, die eine Reihenfolge aufweisen (He drove into the carpark, switched off the engine, got out and walked to his office)
→ wenn ein Vorgang beschrieben wird, der nur einen kurzen Augenblick andauert (He switched off the PC.)

Die Verlaufsform verwenden Sie
→ wenn ein Vorgang beschrieben wird, der in seinem Verlauf dargestellt werden soll (He is writing a letter.)
→ um die nahe Zukunft zu bezeichnen (We are leaving tomorrow.)

95 Arbeitszeugnis – positiv

April 17, 1998

Ms. Jil Kane
9602 Ninth Avenue
OMAHANE
68147-1223
USA

To whom it may concern

Mrs Jil Kane

Mrs Kane worked with our company as Departmental Head in our Purchasing Department during the period from January 1, 1993 through December 31, 1997.

We always found Mrs Kane to be reliable in her work, highly trustworthy and personable.

Mrs Kane attended several courses and in-house training sessions on her own initiative.

Her restructuring of the Purchasing Department led to an improvement in both efficiency and dedication on the part of all involved.

Her ability to chair meetings gained her the respect of all and made constructive results possible.

We only have extremely positive things to say about Mrs Kane, and can recommend her without hesitation.

Yours faithfully,

Eine allgemeine Anrede, übersetzt in etwa „Wen es angeht/betrifft"

Stellen Sie die positiven Eigenschaften im einzelnen dar

Zeugnis

Frau Jil Kane

Frau Kane arbeitete in unserem Unternehmen als Abteilungsleiterin Einkauf vom 1. Januar 1993 bis 31. Dezember 1997.

Frau Kane arbeitete stets zuverlässig, absolut vertrauenswürdig und der Umgang mit ihr war stets angenehm.

Frau Kane besuchte auf ihre eigene Initiative hin einige interne Schulungen und verschiedene Lehrgänge.

Ihre Neuorganisation der Einkaufsabteilung führte zu einer Verbesserung sowohl der Leistungsfähigkeit als auch der Motivation aller betroffenen Mitarbeiter.

Ihre Fähigkeit, Sitzungen zu leiten, verschafften ihr den Respekt aller und ermöglichte konstruktive Ergebnisse.

Wir können über Frau Kane nur außerordentlich Gutes berichten und sie uneingeschränkt empfehlen.

Ort, Datum, Unterschrift

Die folgenden Begriffe können leicht verwechselt werden:

self-confident = selbstbewusst
self-confidence = Selbstbewusstsein
self-esteem = übersteigertes Selbsbewusstsein
self-unconscious = schüchtern
self-unconsciousness = Schüchternheit

Glückwünsche zur Beförderung 96

Letterhead

July 23, 1998

Mrs. Sarah L. Ryder
BA Consultants Inc.
1665 Palm Beach Lakes Boulevared
WEST PALM BEACH, FL
33401
USA

Dear Sarah,

I was delighted to learn that you have been appointed Regional Manager for Austria.

May I wish you every success in your new post for which I am quite sure you have just the right qualities and managerial skills and experience.

All of my colleagues join me in sending you our warmest congratulations, and we look forward to continuing our long-term association.

Best wishes,

Zeigen Sie Ihre ehrliche Freude

Wünschen Sie weiteren Erfolg, würdigen Sie persönliche Leistungen

Richten Sie ihren Blick in die Zukunft

Liebe Sarah,

ich habe mich sehr gefreut zu erfahren, dass Sie zur Regionaldirektorin für Österreich ernannt worden sind.

Ich möchte Ihnen viel Erfolg in Ihrer neuen Position wünschen und ich bin ganz sicher, dass Sie genau die Eigenschaften und geschäftlichen Fähigkeiten und Erfahrung besitzen, die Sie für diese Aufgabe benötigen.

Alle meine Kollegen schließen sich mir an und senden Ihnen unsere besten Glückwünsche. Wir freuen uns auf die weitere Zusammenarbeit mit Ihnen.

Mit den besten Wünschen

Das Patentamt (*Patent Office*) ist ein wesentlicher Bestandteil des Handelsministeriums in England bzw. den USA (*Board of Trade, Department of Commerce*). Es ist zuständig für die Erteilung von Patentrechten und die Eintragung von Warenzeichen. Es überprüft die Patentfähigkeit (*patentability*) einer Erfindung (*invention*).

97 Glückwünsche zum Jubiläum

12 October 1998

Dr John F. Grey
Grey & Simrock Ltd.
52 Stratton Street
LONDON
W1A 2AN
Great Britain

Dear Mr Grey,

Today marks your 25th year as head of the firm which you founded.

Throughout these years, you have applied all your capacities to conscientious management and prudent leadership and decision-making to bring your firm to its present prime position.

We wish to offer you our congratulations on your achievements, as well as to wish you further success, and hope that you may enjoy the best of health and vitality.

Yours sincerely,

Stellen Sie das Außergewöhnliche der Persönlichkeit heraus

Wenden Sie sich an den Jubilar mit persönlichen Wünschen

Sehr geehrter Herr Grey,

seit nunmehr 25 Jahren stehen Sie an der Spitze des Unternehmens, das Sie gegründet haben.

In all diesen Jahren haben Sie Ihre Fähigkeit zu gewissenhafter Geschäftsführung und umsichtiger Leitung und Entscheidungsfindung darauf verwendet, Ihr Unternehmen in die derzeitige Spitzenposition zu bringen.

Wir gratulieren Ihnen zu Ihren Errungenschaften und wünschen Ihnen auch weiterhin Erfolg und beste Gesundheit und Schaffenskraft.

Mit freundlichen Grüßen

Vergangenheitsformen

Das Past Tense wird verwendet, wenn die bezeichnete Handlung in der Vergangeheit stattfand, beendet und durch eine Zeitbestimmung festgelegt ist (*We sent the goods off yesterday. She was in Munich last week.*).

Das Present Perfect bezeichnet u. a. eine Handlung, die noch andauert, das Deutsche verwendet hier die Gegenwart (*I have known him for a long time = Ich kenne ihn schon lange*).

Glückwünsche zum Geburtstag   98

Letterhead

4 October 1998

Mr Thomas Street
Trooper Ltd.
355 Wolverton Road
LONDON
SW16 7DN
Great Britain

Dear Mr Street,

Many happy returns of the day!

We wish you many more years of good health and success, and trust that your company will enjoy your indefatigable energies for a long time to come.

Yours sincerely,

Sehr geehrter Herr Street,

herzlichen Glückwunsch zu Ihrem Geburtstag.

Wir wünschen Ihnen noch viele Jahre bester Gesundheit und Erfolg und sind zuversichtlich, dass Ihr Unternehmen Ihre unerschöpfliche Energie noch lange Zeit genießen wird.

Mit freundlichen Grüßen

Eine Glückwunschkarte würde nur enthalten Happy birthday oder Many happy returns (of the day), Best wishes on that day, Wishing you a very happy birthday

Vorstellung

Wenn Sie sich vorstellen, sagen Sie im englischen Sprachraum nicht einfach "Meyer", wie im Deutschen üblich, sondern *"how do you do? I'm..."*, nennen Sie Vor- und Nachnamen. Die formelle Frage *"how do you do"* bzw. das kollegialere *"how are you"* ist natürlich nicht als echte Frage gemeint, erwartet wird eine positive Antwort, etwa *"fine, thanks, and you?"* oder *"very well"*; ein *"not too bad"* ist sehr informell – unter Personen, die sich sehr gut kennen, jedoch durchaus üblich.

99 Dank für langjährige Zusammenarbeit

Letterhead

12 June 1998

Mr Gary McArguyle
60 Princes St.
Edinburgh
EH2 2DF
Great Britain

Dear Gary,

It came to my notice recently that, after fifteen years of doing business together, your company is one of our oldest customers.

I would like to take the opportunity of thanking you for your loyalty and patronage.

I also very much appreciate your continued contribution to the prosperity of our business through your recommendation to potential customers.

I would like to take advantage of this anniversary to invite you to our new branch at 22 Frances St. in Aberdeen on 12 July and ask if you would consider being one of our guest speakers.

The theme we are promoting this year is the Single European Currency, and I would appreciate a contribution from your field of experience in international business affairs.

Please let me know as soon as possible if you are able to attend.

Please find enclosed a formal invitation for yourself and a guest.

Yours sincerely,

Lieber Gary,

vor nicht allzu langer Zeit habe ich daran gedacht, dass nach 15 Jahren gemeinsamer Geschäftstätigkeit dein Unternehmen zu unseren ältesten Kunden zählt.

Ich möchte die Gelegenheit nutzen und dir für deine Loyalität und dein Vertrauen danken. Ich danke dir auch herzlich für deinen fortgesetzten Beitrag zum Erfolg unseres Geschäfts durch deine Empfehlung an potenzielle Kunden.

Ich möchte den Anlass dieses Jubiläums auch nutzen, dich am 12. Juli in unsere neue Filiale in Aberdeen, Frances St 22 einzuladen, und dich fragen, ob du dir vorstellen könntest, einer unserer Gastredner zu sein.

Das Thema, das dieses Jahr im Vordergrund steht, ist die gemeinsame europäische Währung und ich würde einen Redebeitrag vor dem Hintergrund deiner Erfahrung in internationalen Geschäften sehr schätzen.

Bitte lasse mich bald wissen, ob du teilnehmen kannst.

Beigefügt findest Du eine formelle Einladung für dich und einen Gast.

Beste Grüße

Im englischen Sprachgebrauch ist es sehr verbreitet, sich schon nach kurzer Zeit des Vornamens als Anrede zu bedienen, keinesfalls ist damit eine direkte Vertraulichkeit wie im Deutschen verbunden, zumal im Englischen kein Unterschied zwischen Du und Sie gemacht wird, beides wird mit you bezeichnet.

Lautet die Anrede Dear Mr Miller oder Dear Gary, enthält sie also eine direkte Anrede, lautet der formelle Schluss im Englischen stets Yours sincerely

Kondolenzschreiben 100

July 10, 1998

Mrs. Charlotte Browne
50 Park Lane Ave.
PITTSBURGH, PA
73958
USA

Dear Mrs. Browne,

I was deeply distressed to hear of your husband's sudden death.

We knew him as an outstanding member of our staff and a good friend. It was always a great pleasure working with him, not only for the efficient and businesslike way he worked, but particularly for his personal qualities. It is a great loss to all who knew him. He will be sorely missed.

All of us at Grant Associates would like to convey our sincere sympathies to you and your family.

May we offer you our sincerest condolence.

Sehr geehrte Frau Browne,

ich war tief betroffen, als ich vom plötzlichen Tod Ihres Ehemannes erfuhr. Wir kannten ihn als einen herausragenden Mitarbeiter und guten Freund. Es war immer eine große Freude mit ihm zusammenzuarbeiten, nicht nur wegen seiner leistungs- und geschäftsorientierten Arbeitsweise, sondern ganz besonders wegen seiner persönlichen Qualitäten.

Es ist ein schwerer Verlust für alle die ihn kannten. Wir vermissen ihn schmerzlich.

Wir alle von Grant Associates möchten seiner Familie und seinen Freunden ihr Mitgefühl aussprechen.

Mit herzlicher Anteilnahme

---

*Vorsicht: sympathy, sympathies = Mitgefühl, Anteilnahme
sympathetic = verständnisvoll, anteilnehmend, angenehmes Wesen*

Das deutsche Wort Sympathie bzw. sympathisch kann nur indirekt über Wendungen wie to like, to dislike, not to like o. ä. ausgedrückt werden

---

Großbritannien (*Great Britain*) umfasst England, Wales und Schottland. Das Vereinigte Königreich (*United Kingdom*) besteht aus Great Britain und Nord Irland (*Northern Ireland*). Die Republik Irland (*Republic of Irland/Eire*) gehört nicht dazu, deren Bewohner sind die Iren (*Irish/Erse*). Mit *Commonwealth* wird eine lockere Zweckgemeinschaft beschrieben, zu dem das Vereinigte Königreich und eine Reihe anderer Staaten gehören, die einmal zum Britischen Kolonialreich zählten.

Anhang

	Seite
Die Gestaltung Ihres Briefes	**120**
Die richtige Anschrift und Anrede	**125**
Empfehlung der Deutschen Post	**126**
Zahlen	**129**
Maße und Gewichte	**131**
Einige Verhaltensregeln für unterwegs	**132**
Interpunktion – die wichtigsten Regeln	**136**
Wichtige Abkürzungen	**138**
Tipps für Ihren Sprachstil	**140**
Redewendungen	**141**
Tipps für Ihre Geschäftsverhandlung	**142**

Anhang

Die Gestaltung Ihres Briefes

Die Grundlage für die Gestaltung des englischen Geschäftsbriefes ist der "Guide for Typewriting", der von der British Standards Institution herausgegeben wird und eine Richtlinie wie unsere deutsche DIN 5008 darstellt – wenn auch die Festlegung lange nicht so rigide ist wie bei uns.

Der englische Brief besteht aus folgenden Teilen:

letterhead	→	Briefkopf
reference line	→	Bezugszeichenzeile
date	→	Datum
recipient's address address	→	Empfängeranschrift
attention line	→	zuständige Person, zu Händen von, verliert zunehmend an Bedeutung, nennen Sie Ihren Ansprechpartner direkt in der Innenadresse (siehe dort)
salutation	→	Anrede
topic/subject line	→	Betreff
body of the letter	→	Text
complimentary close/closing	→	Schlussformel
name and signature	→	Name und Unterschrift
enclosure(s)	→	Anlage(n)
carbon copy (cc)	→	Verteilvermerk
postscript (PS)	→	Postskript

Letterhead → Briefkopf

In der Regel ist der Briefkopf vorgedruckt bzw. wird mit dem Computer geschrieben. Er umfasst Firmenname, Adresse, Telefon- und Telefax-Nummer. Die Namen der Geschäftsleitung, die eingetragene Büronummer und – falls mehrwertsteuerpflichtig – wird auch diese Nummer (VAT No. …) angegeben.

Wenn Sie als deutsche Firma schreiben, können Sie Ihren Briefkopf links- oder rechtsbündig oder zentriert schreiben, ganz nach Ihrem Belieben. Auch wenn Ihre Adresse bereits im Firmenlogo enthalten ist, sollten Sie es dennoch tun, Sie helfen Ihrem Kunden damit. Ganz besonders gilt dies, wenn die Buchstaben ä, ü, ö oder ß (es wird oft mit einem b verwechselt) enthalten ist, Ihr Partner könnte bei der Rückantwort damit Schwierigkeiten bekommen.

Falls Ihr Kunde im europäischen Ausland beheimatet ist, sollten Sie das D- vor die Postleitzahl Ihres Ortes setzen, falls in Übersee, sollte der Zusatz Germany nicht fehlen.

Mit dem Weglassen der 0 bei der Vorwahl Ihrer Telefonnummer und der Angabe der internationalen Länderwahl erleichtern Sie Ihrem Partner das Telefonieren oder das Faxen.

Ihre Adresse könnte nun so aussehen:

Mueller Elektronik GmbH
Roemerstrasse 12
D-53010 BONN
Germany
Telephone: +49 2 28-33 22 14
Facsimile: +49 2 28-33 22 15

Anhang

Reference line → Bezugszeichenzeile

Die Bezugszeile besteht gewöhnlich aus den Initialen des Diktierers und denen der Schreibkraft, manchmal enthält diese Zeile auch Geschäftszeichen, die unbedingt in der Antwort angegeben sein sollten, damit Ihr Brief auch bei der richtigen Abteilung bzw. Person ankommt.

Das Bezugszeichen steht entweder in einer Zeile mit dem Datum:

Our ref: gl/hs   Your ref: jr/wb   5 May 1998

oder links- bzw. rechtsbündig, über dem Datum:

Your ref.: ug/KL
Our ref.: ML/gz
20 May 1998

In amerikanischen Briefen finden Sie das Bezugszeichen auch am Ende des Briefes, nach der Unterschrift:

Sincerely yours,
XYZ

Mark Fisher
Service Department
MS/mc

Date → Datum

Für die moderne Schreibweise des Datums gibt es verschiedene Möglichkeiten:

10 January 1998   oder
October 10 1998   oder
April 2, 1998.

In den USA und in einigen Teilen Asiens finden Sie auch Formen wie 1998-9-11, eine Schreibweise, die nicht immer eindeutig ist. Abhilfe schaffen Sie durch das Nennen des Monatsnamens, z. B. 19 Sept 1998.

Setzen Sie das Datum zwei oder drei Leerzeilen nach Ihrer Anschrift an den rechten oder linken Rand Ihres Briefes, die Angabe des Absendeortes entfällt. Noch ein Hinweis: Das Datum 1 January ohne „st" geschrieben, wird in Großbritannien akzeptiert, in den USA verwendet es nur das Militär.

Recipient's address → Empfängeranschrift

Setzen Sie die Empfängeranschrift – sie steht immer linksbündig – zwei oder drei Leerzeilen unter das Datum.

Beginnen Sie mit dem Namen Ihres Ansprechpartners, falls Sie ihn bereits kennen. Denken Sie stets daran, dass englische Korrespondenz viel persönlicher ist als deutsche! Auf den Namen folgt die Position bzw. die Abteilung. Zusätze wie c/o oder attn.: sind damit überflüssig, wirken leicht umständlich und altmodisch.

Erst in der dritten Zeile des Anschriftenfeldes steht der Firmenname, der in den USA des öfteren in Großbuchstaben oder fett gedruckt geschrieben wird:

Mr John Marshal
General Manager
Green & Partners

Ms Helen Laing
President
ALPHA PRINTING CO.

Ist Ihnen kein Ansprechpartner bekannt, beginnen Sie natürlich sofort mit dem Firmennamen, dem Sie Messrs (Messieurs) voranstellen können, wenn sich die Firmenbezeichnung aus mehreren Personennamen zusammensetzt: Messrs Smith & White.
In allen anderen Fällen schreiben Sie:

The British Golf Club
Boston Tea Makers Ltd.
McGowrie & Hubbert PLC.

Anhang

In der nächsten Zeile geben Sie Hausnummer (kein Komma!) und die Straße an. Diese Reihenfolge ist für den gesamten englischsprachigen Raum verbindlich.

Ort und Postleitzahl runden die Empfängeranschrift ab. Auf Grund postalischer Regelungen muss der Ortsname in Großbuchstaben geschrieben werden. Richtet sich Ihr Brief an einen Partner in Großbritannien, sollten Sie ferner beachten:

Bei größeren Städten wird die Grafschaft (county) nicht erwähnt, die Leitzahl steht in diesem Fall in einer eigenen Zeile unter der Ortsangabe:

Messrs P & R Myers
15 Oxford Street
LONDON
CB2 3LS
Great Britain

Wird die Grafschaft erwähnt, steht die Leitzahl hinter dieser und beide unter der Ortsangabe:

Literary Association
23 Hampton Square
GB-UPMINSTER
Essex
PR4 9ST
Great Britain

Bei amerikanischen Anschriften stehen Stadt, durch Komma getrennt, dann der Bundesstaat (meist abgekürzt) und Leitzahl immer in einer Zeile:

White & Co Plc
1240 Eighteenth Street
WASHINGTON, D.C. 20007
USA

Der Vollständigkeit halber sei erwähnt, dass Sie die Wahl haben zwischen "open", "closed" oder "mixed punctuation". Zu Ihrer Arbeitserleichterung sollten Sie sich für die open punctuation entscheiden, wenn Sie Ihre Korrespondenz mit britischen Partnern führen, d. h. Sie verwenden keinerlei Satzzeichen in der Anschrift. Im Amerikanischen hat es sich durchgesetzt, Abkürzungen mit einem Punkt zu versehen – und wie bereits erwähnt – nach der Ortsangabe ein Komma zu setzen.

C W Abbott Ltd
2494 Market Street
CAMBRIDGE
RB4 7PV
Great Britain

Mr. John Halley
President
CHANES HI-TECH INC.
P. O. Box 5643
NEW YORK, NY
10221
USA

Salutation ➜ Anrede

Wie Ihre Anrede lautet, hängt davon ab, wen Sie in der Adresse genannt haben. Adressieren Sie beispielsweise an Mr J K Brendel, können Sie folgendermaßen anreden:

Dear Sir, (etwas altmodisch) oder
Dear Mr Brendel,

Adressieren Sie an Mrs Jane Gardener, können Sie wie folgt anreden:

Dear Mrs Gardener,
Dear Madam, (etwas altmodisch)
Dear Ms Gardener (AE).

Ist Ihnen der Adressat nicht namentlich bekannt, verwenden Sie – als Äquivalent zu unserem „Sehr geehrte Damen und Herren" *Dear Sir or Madam* oder auch *Dear Madam, Dear Sir*.

Für Frauen ist die Anrede *Ms* üblich. Hier bleibt nach wie vor *Mrs* und *Miss*, besteht ein Unternehmen nur aus Damen, ist in den USA auch die Anrede *Ladies,* möglich.

Kennen Sie Ihren Ansprechpartner namentlich, wäre es eine schwere Unhöflichkeit, ihn nicht mit Namen anzureden. Es ist sogar wahrscheinlich – wenn auch für uns völlig ungewöhnlich –, dass schon nach kurzer Zeit der Vorname benutzt wird. Die Anrede lautet dann z. B. *Dear Bob*. Das hat nichts mit Vertraulichkeit oder besonderer Sympathie zu tun – im Englischen gibt es einfach den Unterschied zwischen Sie und Du nicht. Sollte Ihr Partner Sie also nach relativ kurzer Zeit mit Ihrem Vornamen anreden, tun Sie das gleiche zurück, es ist ganz normal.

Topic/subject Line → Betreff

Die Betreffangabe steht immer – durch eine Leerzeile von der Anrede getrennt – nach dieser. Sie sollte entweder in Großbuchstaben geschrieben werden oder unterstrichen sein:

Dear Mr Greene,

OUR LATEST CATALOGUE

…

Im Englischen wird häufiger „Subject:" oder „Re:" an den Anfang gesetzt:

Dear Ms Browne,

Subject: Price list

Body of the letter → Brieftext

Bei der Gestaltung haben Sie zwei Möglichkeiten:
- die eingerückte Form (*indented style*), hier rücken Sie die erste Zeile jedes Absatzes um einige Leerschritte ein,
- die nicht eingerückte Form (*blocked style*); hier beginnen alle Absätze gleichmäßig linksbündig angeordnet.

Welche Form Sie wählen, ist reine Geschmackssache. Manche halten die eingerückte Form für übersichtlicher, andere meinen, die nicht eingerückte Form sei moderner. Im Privatschreiben sollten Sie jedoch die eingerückte Form bevorzugen. Zwischen den einzelnen Absätzen sollte immer eine Leerzeile geschaltet werden.

Auch bei kurzen Briefen wird man eine Dreiteilung erkennen können: die Einleitung – den Zweck des Briefes – den Schlusssatz.

Complimentary close/closing → Schlussformel

Hier bestehen Unterschiede zwischen britischem und amerikanischem Englisch. Im britischen Sprachgebrauch besteht eine enge und sehr feste Verbindung zwischen Anrede und Schlussformel. Nach einer unpersönlichen Anrede (Dear Sirs, Dear Madam, Dear Sir,) wird mit *Yours faithfully,* geschlossen, allenfalls noch mit *Yours truly,*.

Haben Sie Ihren Brief mit einer persönlichen Anrede begonnen – Dear Mr Howes, Dear Mrs Greene, Dear Bob, Dear Jenny o. ä. – lautet die Schlussformel *Yours sincerely,*.

Das Amerikanische ist hier weniger starr, Sie können die Formeln *Sincerely yours,* oder *Yours (very) truly,* gleichermaßen verwenden. Wollen Sie besonders freundlich grüßen, verwenden Sie *Cordially yours,* oder *Yours very cordially,*.

Kennen Sie eine Person recht gut, können Sie noch Floskeln verwenden wie
With best wishes oder *Kind regards*.

Haben Sie nach der Anrede ein Satzzeichen (Komma oder Doppelpunkt) verwendet, dann muss nach der Schlussformel ein Komma stehen.

Die Schlussformel wird links- oder rechtsbündig gesetzt oder auch zentriert (siehe Unterschrift).

Anhang

Signature ➜ Unterschrift

Dazu gehören der Name und die Position des Zeichnenden und die Firmenbezeichnung.

Festgelegte Schemata gibt es nicht, üblich ist folgende Regelung:

Haben Sie den Briefkopf linksbündig gesetzt, stehen auch Schlussformel und Unterschriftsblock linksbündig.

Sitzt der Briefkopf auf der rechten Seite des Briefbogens, schreiben Sie Grußformel und Unterschriftsblock in dieselbe Spalte auf der rechten Seite des Blattes.

Haben Sie Ihren Briefkopf zentriert gesetzt, sollten Sie Grußformel und Unterschriftsblock ebenfalls in der rechten Blatthälfte platzieren. In diesem Fall entscheidet die Optik, in welcher Spalte Sie beginnen.

Enclosure(s) ➜ Anlage(n)

Der Anlagenblock wird eine oder mehrere Zeilen unter den Unterschriftsblock gesetzt:

Yours faithfully,
XYZ Export GmbH

Robert Maier
Export Manager

Encls.

Yours truly,
ABC Chemie AG

Manuela R. Maier
Vice President World Sales

Encls.
Sales brochure
Price list

Carbon copy ➜ Verteilvermerk

Wenn der Briefschreiber es als wichtig ansieht, dass Dritte (intern oder extern) Kopien des Schreibens erhalten, sollte er dies auch durch den Verteilvermerk dem Briefempfänger mitteilen. Der Verteilvermerk steht eine oder mehrere Leerzeilen unter dem Anlagenvermerk.

Postscript ➜ Postskript

Ursprünglich – wie der Name sagt – diente das Postskript dazu, etwas, das man vergessen hatte, noch unter den eigentlichen Brief zu setzen. Heute wird das Postskript ganz gezielt eingesetzt, um die Aufmerksamkeit des Brieflesers zu fesseln, denn häufig ist es das Erste, das gelesen wird. Das gilt ganz besonders für Werbebriefe. Das Postskript steht ganz am Ende des Briefes, also nach Anlagen und Verteilvermerk.

Anhang

Die richtige Anschrift und Anrede

Titel	Anschrift	Anrede

Adel
• unterer Adel
  Knight
  Dame
	Sir Wilfried Barrow
	Dame Margaret Rush
		Dear Sir Wilfried,
		Dear Madam,
		oder:
		Dear Dame Margaret,

• mittlerer Adel Baronet	Sir James Williams, Bt oder: Sir James Williams, Bart Lady Patricia Vaughn	Dear Sir, oder Dear Sir James, Dear Madam, oder Dear Lady Patricia,
• hoher Adel Lord/Peer	The Right Hon. Lord Fogloghery	Dear Lord Fogloghery,
Parlament Member of Parliament/MP	The Right Hon. Reginald Moore, MP	Dear Sir, oder Dear Mr Moore,

Akademiker
Dr.rer.nat.= **D Sc**
  (Doctor of Science)
Dr.theol. = **D D**
  (Doctor of Divinity)
Dr.phil.= **D Phil**
  (Doctor of Philosophy)
Dr.med = **M D**
  (Medical Doctor)
Dr.jur. = **D L**
  (Doctor of Laws) usw.
 	
Der „Professortitel" wird weder in Anschrift noch in der Anrede erwähnt.
	Dr Barbara Mann
	oder
	Barbara Mann, D Sc.
		Dear Dr Mann,
		oder
		Dear Doctor Mann,

Anhang

Empfehlung der Deutschen Post

Abschließend möchten wir Ihnen noch einige Tipps geben, wie Ihr Brief am schnellsten und sichersten den Empfänger im Ausland erreicht.

Doch seien Sie beruhigt: Es ist alles ganz einfach! Sie sollten bei Auslandsbriefen nur einige Kleinigkeiten berücksichtigen.

Aufgrund der Bestimmungen ausländischer Postgesellschaften garantiert nur ein auf den Sendungen aufgebrachter Luftpostaufkleber oder der (in Großbuchstaben – auch handschriftlich – aufgebrachte Vermerk „LUFTPOST", „PAR AVION" oder „PRIORITAIRE" die schnellste Beförderung im Zielland.

Sie sollten daher stets darauf achten, dass dieser Hinweis auf den Sendungen aufgebracht ist. Sonst laufen Ihre Briefe Gefahr, im Ausland nicht mit der gewünschten Priorität behandelt zu werden.

Weitere Einzelheiten zur Adressierung entnehmen Sie bitte dem untenstehenden Beispiel.

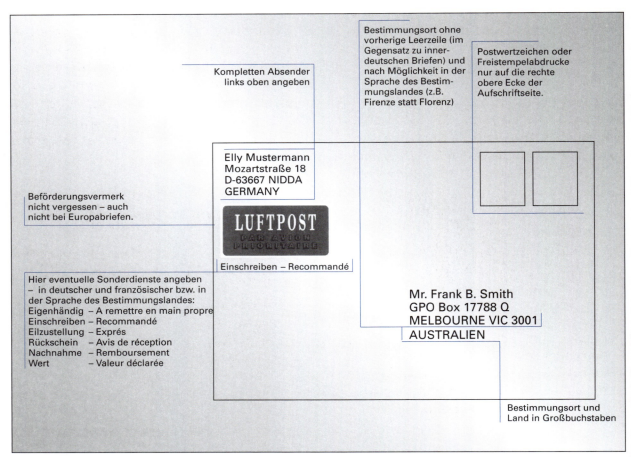

Als die optimale Ergänzung für Ihren Briefversand in das Ausland bieten wir Ihnen folgende postalische Service an, die sich oft miteinander kombinieren lassen, ganz nach Ihren Bedürfnissen und Wünschen.[1]

[1] Für alle Zusatzleistungen (außer Einschreiben) gilt: Nicht alle Leistungen sind in jedem Land möglich! Unser Personal berät Sie gern!

Sie benötigen die Bestätigung, dass Ihre Sendung nachweislich von Ihnen eingeliefert wurde?

Mit dem **Einschreiben** erhalten Sie eine Quittung über die Einlieferung und noch mehr: Ihre Sendung ist bei Verlust mit umgerechnet 50 DM versichert.

Inhalt

Mit einer Kombination der Leistungen **Einschreiben** und **Eigenhändig** stellen Sie sicher, dass Ihre Sendung nur an den Empfänger persönlich übergeben wird. Ihre vertraulichen Unterlagen geraten also mit Sicherheit direkt in die Hände, für welche sie bestimmt sind!

Benötigen Sie zusätzlich zu Ihrer Einlieferungsbestätigung noch eine schriftliche Dokumentation über die Auslieferung an Ihren Empfänger, so erhalten Sie diese, wenn Sie die Kombination von **Einschreiben** und **Rückschein** wählen.

Kombinieren Sie alle drei Leistungen (Einschreiben, Eigenhändig und Rückschein), erhalten Sie ein Servicepaket, mit dem Sie für alle Eventualitäten gerüstet sind.

Mit der zusätzlichen Leistung **Eil International** werden Ihre wichtigen Dokumente am Bestimmungsort durch einen besonderen Boten (oder mit einer vergleichbar schnellen Qualität) zugestellt.

Sie kombinieren also den bewährten postalischen Transport mit einer schnellen Auslieferung.

Möchten Sie, dass Ihr Korrespondenzpartner Ihnen kostenfrei antwortet, legen Sie Ihrem Brief einfach **Internationale Antwortscheine** bei. Dieser Service lässt Sie bei Ihren Kunden in ganz anderem Licht erscheinen! Der Antwortschein wird im Ausland gegen Briefmarken (o. ä.) getauscht und schon haben Sie Ihre Antwort.

Empfehlung der Deutschen Post

127

Anhang

Wichtige Behandlungsvermerke

(By) Air Mail AIRMAIL	Mit Luftpost
Registered (Mail)	Per Einschreiben
By courier	Durch Boten
(By) Express, Special Delivery (AE)	Post Express, Eilboten
Personal	Persönlich
Printed Matter	Drucksache
If undelivered, please return	Falls unzustellbar, bitte zurück
Return, if undelivered	
Please forward, To be forwarded	Bitte nachsenden
Moved, address unknown	Unbekannt verzogen
P. O. Box/POB	Post(schließ)fach
Small packet/parcel	Päckchen
Self-addressed/stamped addressed envelope (SAE)	Frankiertes Rückkuvert
Urgent	Eilt, dringend
Postage	Porto
Postage Paid	Frei
Postal rates/charges	Postgebühren
Poste Restante	Postlagernd
Confidential	Vertraulich
Private and confidential	Persönlich - Vertraulich
With/by same post/mail	Mit gleicher Post
Under separate cover	Mit gesonderter Post
By return of mail/post, by return mail, by return	Umgehend, postwendend
Fragile	Zerbrechlich
Handle with care	Nicht werfen/Vorsicht zerbrechlich
Do not bend/fold	Nicht knicken
Special issue/commemorative stamp	Sonder-/Gedenkmarke
(Fully insured) registered letter	Wertbrief
Registered parcel (with declared value)	Wertpaket
Sample of no commercial value	Muster ohne Wert
Sender/from	Absender
Adressee	Empfänger

Anhang

Zahlen

Im Englischen gibt es verschiedene Namen für **„Null"**. *"Zero"* ist die mathematisch exakte Bezeichnung, im Amerikanischen wird sie ganz allgemein für *"0"* verwendet. *"Nought"*, *"nothing"* und *"0"* werden im britischen Englisch ebenfalls gebraucht, sowohl im britischen wie im amerikanischen Standard wird *"0"* verwendet, wenn es um Konto- oder Telefonnummern geht. *Six minus six is zero/100 has two zeros.* Bei Fussballergebnissen sagt man *"nil": Bayern Munich won the match three nil/three goals to nil.* *"Nil"* wird auch verwendet in der Wendung *"His chances are absolutely nil"*. Im Tennis heißt zu Null *"love"*, *"15 love"*.

Bruchzahlen (fractions) sind *1/2 = a half, 1/4 = a quarter, 1/3 = a third*, zur besonderen Betonung wird anstelle von *"a"* *"one"* verwendet – *one third*. Die Bruchzahlen werden gebildet: Grundzahl/Ordnungszahl, *1/16 = one/sixteenth, 3/10 = three tenths*.

Wird die Bruchzahl vor einem Substantiv verwendet, muss *"of"* (Teilungs-Genitiv) eingesetzt werden, *a fifth of the annual turnover, a quarter of all Germans*.

Folgt die Bruchzahl einer ganzen Zahl werden sie durch *"and"* verbunden. *2 1/4* wird gesprochen *"two and a quarter"*, *4 5/17* demnach *"four and five seventeenths"*.

Sehr komplexe Bruchzahlen wie etwa 8/135, 17/885 etc. werden gesprochen *"eight over one three five"*, *"seventeen over eight eight five"* usw.

Im Englischen werden **Dezimalstellen** durch einen Punkt (kein Komma!) abgetrennt. Der Punkt wird gesprochen *"point"*, 26.2 also *twenty-six point two*. Stehen nach dem Punkt mehr als eine Zahl wird jede für sich gesprochen, 3.145 = *three point one four five*, 0.469 = *zero point four six nine*.

Zeitangaben

Meist wird das 12-Stunden-System verwendet. Wenn es klar ist, wird vormittags, nachmittags oder abends nicht extra bezeichnet, *"What time is it, please?" "It's five o'clock"*.

Es stehen verschiedene Möglichkeiten zur Verfügung, die Zeit auszudrücken:

eleven thirty
half past eleven
half eleven (Umgangssprache)

a quarter to eight (Brit)
seven forty five (Brit)
a quarter to eight (AE)

a quarter past one (Brit)
One fifteen (Brit)
a quarter after one (AE)

Das 24-Stunden-System wird in Großbritannien im Großen und Ganzen nur für Fahrpläne und offizielle Ankündigungen verwendet. In den USA wird es nur vom Militär und auf Schiffen verwendet, 1345 heißt dann *thirteen forty-five*, 2305 *twenty three o five*.

Um im 12-Stunden-System mitzuteilen, welche Tageszeit bezeichnet werden soll, wird *am (ante meridiem)* für die Zeit zwischen 0 Uhr (*midnight*) und 12 Uhr Mittags ({*high*} *noon*) verwendet, *pm (post meridiem)* für die Zeit von Mittag bis Mitternacht.

Zahlen für Längen- und Höhenbezeichnung

Am Ende dieses Kapitels finden Sie eine Umrechnungstabelle für metrische in nicht-metrische Mess-Einheiten und umgekehrt.

Im Englischen werden metrische und nicht-metrische Zahlen nebeneinander verwendet. Die Entscheidung hängt von der Situation ab bzw. vom Alter des Sprechers. Im wissen-

129

Anhang

schaftlichen Bereich wird ausschließlich das metrische System verwendet.

In den USA ist das metrische System nur gering verbreitet.

Die Maßangabe kann *"long"* (lang), *"wide"* (breit), *"high"* (hoch) oder *"thick"* (dick, stark) bezeichnen. Oder: *The garden is 40 feet long. He had a three-inch scar on his left cheek. The road rises to above 2,500 m above sea level. The book was several centimetres thick.*

Spricht man von Personen, heißt *"groß"* tall. Oder: *He is about 1.85 metres tall.*

Die Größe einer Sache wird oftmals durch Länge mal Breite (*length x width*) bzw. Höhe mal Tiefe (*height x depth*) definiert. *The room is sixteen feet by twelve (16ft x 12ft). The table is five foot by three foot by two foot six high (5ft x 3ft x 2ft 6in).*

Gewichte

Lebensmittel, die nicht abgepackt sind, werden in *"pounds"* und *"ounces"* gekauft, bei abgepackten Lebensmitteln wird das Gewicht meist in *"kilograms"* oder *"grams"* angegben.

In Großbritannien wird das menschliche Körpergewicht in *"stones"* oder *"pounds"* angegeben, in den USA werden nur *"pounds"* verwendet. *She weighs 8st 10lb (Brit). My brother weighs 185 pounds (AE).* Schwere Gegenstände werden in *"kilograms"* (*"kilos"*), *pounds*, *"tons"* = 1016.04 *kilograms* oder *"tonnes"* = 1000 kilograms gewogen.

Fassungsvermögen

In Großbritannien werden Milch und Bier in *"pints"* bzw. *"half pints"* gemessen, *"a pint of lager, please"*. In den USA wird Bier in 12-ounce Dosen oder Flaschen verkauft, Milch und Saft in *"pints"*, *"quarts"* oder *"gallons"*.

Wein kauft man in *"centilitres"* oder *"litres"*, andere Getränke in Flaschen werden ebenfalls häufig nach *"litres"* angeboten.

In den USA sind *"fluid ounces"* oder *"gallons"* gebräuchlich, *"two gallons of paint"*.

Treibstoffe werden in Großbritannien in *"litres"* (früher *"gallons"*), in den USA nach *"gallons"* verkauft.

Kleine Mengeneinheiten werden wissenschaftlich in *"millilitre"* und z. B. in Kochrezepten in *"fluid ounces"* gemessen, *"100 ml sulphuric acid"*, *"Add 8 fl oz milk and beat thoroughly"*.

Anhang

Maße und Gewichte

	Metric	Non-metric	
Length	10 millimetres (mm)	= 1 centimetre (cm)	= 0.394 inch
	100 centimetres (cm)	= 1 metre (m)	= 39.4 inches/1.094 yards
	1000 metres (m)	= 1 kilometre (km)	= 0.6214 mile
Area	100 square metres (m^2)	= 1 are (a)	= 0.025 acre
	100 ares	= 1 hectare (ha)	= 2.471 acres
	100 hectares	= 1 square kilometre (km^2)	= 0.386 square mile
Weight	1000 milligrams (mg)	= 1 gram (g)	= 15.43 grains
	1000 grams	= 1 kilogram (kg)	= 2.205 pounds
	1000 kilograms	= 1 Ton(ne)	= 19.688 hundredweight
Capacity	10 millilitres (ml)	= 1 centilitre	= 0.018 pint (0.021 US pint)
	100 centilitres (cl)	= 1 litre (l)	= 1.76 pints (2.1 US pints)
	10 litres	= 1 decalitre (dal)	= 2.2 gallons (2.63 US gallons)

	Non-metric	Non-metric	Metric
Length	1 inch (in)		= 25.4 millimetres
	12 inches	= foot (ft)	= 30.48 centimetres
	3 feet	= 1 yard (yd)	= 0.914 metre
	220 yards	= 1 furlong	= 201.17 metres
	8 furlongs	= 1 mile	= 1.609 kilometres
	1760 yards	= 1 mile	= 1.609 kilometres
Area	1 square (sq) inch		= 6.452 sq centimetres
	144 sq inches	= 1 sq foot	= 929.03 sq. centimetres
	9 sq feet	= 1 sq yard	= 0.836 sq metre
	4840 sq yards	= 1 acre	= 0.405 hectare
	640 acres	= 1 sq mile	= 259 hectares/2.59 sq kilometres
Weight	437 grains	= 1 ounce (oz)	= 28.35 grams
	16 ounces	= 1 pound (lb)	= 0.454 kilograms
	14 pounds	= 1 stone (st)	= 6.356 kilograms
	8 stone	= 1 hundredweight (cwt)	= 50.8 kilograms
	20 hundredweight	= 1 ton	= 1016.04 kilograms
British capacity	20 fluid ounces (fl oz)	= 1 pint (pt)	= 0.568 litre
	2 pints	= 1 quart (qt)	= 1.136 litres
	8 pints	= 1 gallon (gal)	= 4.546 litres
American capacity	16 US fluid ounces	= 1 US pint	= 0.473 litre
	2 US pints	= 1US quart	= 0.946 litre
	8 US pints	= 1US gallon	= 3.785 litres

Anhang

Einige Verhaltensregeln für unterwegs

Großbritannien

Wahrscheinlich gibt es kein zweites Land, das so viele Verhaltensnormen kennt wie Großbritannien. Diese Vielfalt hat mehrere Wurzeln. Das Vereinigte Königreich von Großbritannien, wie es offiziell heißt, ist in England, Schottland, Wales und andere Landesteile gegliedert, die untereinander sehr verschieden sind. Außerdem haben die einzelnen Gesellschaftsschichten ihre eigenen Verhaltensregeln. Sogar der Umgang sozusagen von Schicht zu Schicht ist an Regeln gebunden.

Geprägt sind die englischen Umgangsformen durch den auch heute noch spürbaren Hang zur Tradition: „Das Geheimnis des englischen Rasens ist 500 Jahre Pflege".

Typisch ist so gut wie allen Briten die Liebe zur Privatsphäre und deren Schutz: *My home is my castle!*

Kleidung: Großbritannien ist ein konservatives Land, bei Geschäftsverhandlungen empfiehlt sich dunkler Straßenanzug, möglichst in Grau oder Blau. Bei festlichen Gelegenheiten wie dem Rennen von Ascot oder Epsom ist sehr förmliche Kleidung angesagt (Morning Dress mit grauem Zylinder für den Herrn, langes oder Cocktailkleid mit Hut für die Dame). Sollten Sie das Glück haben, zu einer Garden Party der Royals eingeladen zu werden, gilt eine ähnlich förmliche Kleiderordnung. Bei Beerdigungen sind Engländer ähnlich gekleidet wie wir in Deutschland.

Sonstiges: Vom Händeschütteln ist abzusehen, ausgenommen vielleicht zu Beginn einer geschäftlichen Begegnung und an deren Ende. Umarmungen sind absolut unüblich, außer unter sehr engen Freunden, und auch dann nur gegenüber dem jeweils anderen Geschlecht.

Es ist wichtig, sich bereits nach relativ kurzer Zeit per Vornamen anzureden. Vorsicht: Dies weist nicht auf eine besondere Freundschaft oder ein besonderes Vertrauen hin, es ist ganz einfach Ausdruck eines weniger steifen Umgangstones als bei uns üblich.

Vergessen Sie nicht, dass Humor sehr geschätzt wird und zur Auflockerung beiträgt – beweisen Sie, dass auch deutsche Geschäftsleute geistvollen Humor pflegen.

Vermeiden Sie Kritik an britischen Verhältnissen und don´t touch personal things. In Großbritannien treffen Sie Menschen vielfältiger Rassenzugehörigkeit und der verschiedensten Religionen, normales Taktgefühl sollte hier den Umgang bestimmen. Die Lautstärke sollte dezent sein, lautes Sprechen ist absolut verpönt!

Ansonsten ist Großbritannien ein sehr freies Land, das kaum Tabus kennt, auch wenn Fussballfans manches in Verruf gebracht haben – leider.

Sie sollten pünktlich sein, aber keine Termine vor 9 Uhr vereinbaren

Zurückhaltung wird besonders geschätzt, zeigen Sie eher ein introvertriertes als extrovertriertes Verhalten, sprechen Sie nicht von Engländern, sondern von Briten, Schotten, Walisern.

Statussymbole sind Automobile, das Haus auf dem Land, gediegene, nicht extravagante, Kleidung, das richtige Getränk – vor allem Champagner und Wein – ausgewählte Restaurants, das eigene Boot. Statussymbole sind auch der Besuch bestimmter Public Schools sowie der Universitäten Oxford und Cambridge. Ferner die Gegend, in der man wohnt, das Hotel, in dem man logiert.

Bei Gastgeschenken sollten Sie nicht knausern, dann lassen Sie es lieber. Bei Geschäftsleuten ist sicher ein schönes und wertvolles Schreibgerät o. ä. oder ein besonders

Anhang

schönes Halstuch für die Ehefrau etc. angebracht. Alkoholika sind nicht beliebt, außer es handelt sich um besonders guten Wein oder französischen Champagner.

Vereinigte Staaten von Amerika (USA)

Nach dem Zusammenbruch der sogenannten sozialistischen Staatenwelt wurden die USA unbestreitbar zum weltweiten Führungsland. Angefangen von der Wirtschaftsform der freien Marktwirtschaft bis hin zu Verhaltensformen und dem Freizeitverhalten sind die USA die absoluten Trendsetter. Insofern ist gegen eine Amerikanisierung im modernen Geschäftsleben wenig einzuwenden, sich dagegen stemmen zu wollen absolut sinnlos.

Umgangsformen sollten individuell verschieden sein, sich von Nation zu Nation und Individuum zu Individuum unterscheiden. Ein unreflektiertes Übernehmen amerikanischer Formen würde zu einen Konformismus, der nicht zuletzt auch kulturell wenig wünschenswert wäre, führen.

Wenn Sie ein Amerikaner im Fahrstuhl oder bei Kongressen und Messen anspricht „Kommen Sie mich doch jederzeit besuchen", dann ist das natürlich keine Einladung, sondern eine Höflichkeitsfloskel. Eine amerikanische Einladung sollten Sie erst dann ernst nehmen, wenn sie ganz konkret ausgesprochen wird, etwa „ich erwarte Sie am ... um ... Uhr."

Es ist außerordentlich wichtig pünktlich zu sein, Disziplin und Pünktlichkeit werden praktiziert und erwartet. Eine Einladung zum Dinner um 20:00 Uhr bedeutet auch genau dies und nicht etwa 20 Uhr plus X.

Amerikaner werden bereits in der Schule dazu erzogen, gegenüber ihrer Umwelt großzügig mit Zeit umzugehen. Für das berufliche Leben heißt das füreinander Zeit zu haben, auch wenn man in hektischer Unrast lebt. Versuchen Sie ähnlich zu handeln, wenn Sie amerikanische Besucher haben, vermitteln Sie das Gefühl für den anderen „da" zu sein.

Was für Briten gilt, trifft für Amerikaner noch heftiger zu – die rasche Anrede mit Vornamen. Glauben Sie jedoch keinesfalls, dass alleine die Verwendung Ihres Vornamens eine besonders freundliche Beziehung bedeutet. Es gibt nur zwei Persönlichkeiten, die nicht mit dem Vornamen angeredet werden: der Präsident und der Außenminister (Secretary of State). Sobald Sie Ihr Geschäftspartner mit Vornamen anredet, wäre es ein grober Affront, ihn weiter mit seinem Nachnamen anzusprechen.

Jeder amerikanische Geschäftsmann – auch wenn er für karitative Zwecke recht spendenfreudig sein mag, oder ein aktives Sponsoring betreibt – geht immer von der Frage der Effizienz aus. Die Kosten-Nutzen-Relation herrscht auch innerhalb amerikanischer Firmen; wer nicht effizient ist, wird gefeuert. Diese von uns als rücksichtslos betrachtete Praxis darf nicht überraschen, die Eingriffsmöglichkeiten des Controllers sind bedeutsam.

Im amerikanischen Geschäftsleben sollten Sie darauf vorbereitet sein, dass hart verhandelt wird. Amerikaner sind in Verhandlungen „tough". Seien Sie auch nicht überrascht, wenn bei wichtigeren Gesprächen ein Rechtsanwalt zugegen ist – bei schwierigen Verhandlungen sollte ein erfahrener, prestigestarker und harter eigener Anwalt eingeschaltet werden. Wer ohne eigenen Anwalt verhandelt, geht in der Regel unter.

Wenn wir von amerikanischen Touristen in Europa ausgehen, verkennen wir das amerikanische business outfit total. Im Geschäftsleben sind Amerikaner alles andere als ungezwungen, lässig und informell. Kein Hotel, kein Restaurant, aber auch kein Büro, das auch nur etwas an Prestige auf sich hält, wird Gäste empfangen, die ohne Krawatte auftreten. Es ist sicher nicht zufällig, dass einer der gegenwärtigen Trends in den USA der Besuch von Etikettekursen ist.

Im Gegensatz zum deutschsprachigen Raum, insbesondere Deutschland, ist auch das kor-

Anhang

Einige Verhaltensregeln für Unterwegs

rekte und harte Geschäftsleben von dem Bemühen gekennzeichnet, den Stress und die Härte durch humorvolle Bemerkungen zu mildern, daran sollten Sie bei aller Härte der Verhandlungen denken und entsprechend dazu beitragen.

Im Restaurant sollten Sie warten, bis man Ihnen einen Platz anbietet, die Tische und Plätze werden stets vom Restaurant-Personal angewiesen. Es gilt als außerordentlich unfein, sich beim Essen zu schneuzen.

Beim Trinkgeld (*tip*) sind 10–15 % des Rechnungsbetrages angemessen. Allgemeiner Grundsatz: Großzügigkeit. Seien Sie darauf vorbereitet in fast jeder Situation, in der man Ihnen zu Diensten ist, ein Trinkgeld zu geben ausgenommen Tankstellen (*gas stations*). Im Hotel ist für den Portier (*door man*) und den Pagen (*bell hop*) oder Kofferträger (*porter*) ein Dollar das Minimum, zu empfehlen: Für jeden Koffer geben Sie einen Dollar.

Tabuthemen sind Religiöses, Patriotisches, Innenpolitisches. Insbesondere Skandale sollen von Gästen nicht als erstes angesprochen werden; überlassen Sie Ihren Gesprächspartnern die Wahl, eventuell über diese Themen zu sprechen.

Unter allen entwickelten Industrienationen haben die Amerikaner wahrscheinlich auch heute noch die größte religiöse und kirchliche Bindung, dem sollten Sie Rechnung tragen, wenn bei größeren Veranstaltungen Gebete gesprochen werden. Stehen Sie dem mit Respekt gegenüber.

Alle Staaten der USA haben einen eigenen, meist historisch begründeten Integrationsfaktor. Es wird immer vorteilhaft sein, sich mit den Bewohnern des jeweiligen Staates über diese als wichtig angesehenen Punkte zu unterhalten. Entsprechende Vorbereitung zahlt sich aus, das zählt auch für wichtige historische Daten, angefangen von der Entdeckung 1492, über die Pilgerväter (*Pilgrim fathers*), die 1620 ankamen, über die Unabhängigkeitserklärung 1776 bis hin zur Wahl Bill Clintons 1992.

Kanada

Im beruflichen Alltag sollten Sie immer Krawatte und Sakko tragen, der Freizeitlook ist besonders lässig. Im geschäftlichen Alltag tragen Damen keine Hosen.

Bei wichtigen geschäftlichen Verhandlungen sollten Sie – wie in den USA – immer mit dem Anwalt rechnen und nie ohne eigenen tätig werden.

Im stark französisch beeinflussten Quebec ist es nicht nur nützlich, sondern zwingend notwendig, französisch zu sprechen, wollen Sie alleine schon durch Ihre Sprache Ablehnung vermeiden.

Handschlag ist wie in Großbritannien sehr selten, nur zu Beginn einer Verhandlung und ganz am Ende.

Eine absolute Todsünde wäre es, einen Kanadier mit den Amerikanern in einen Topf zu werfen. Kanadier sind im allgemeinen stolz auf ihre multikulturelle Gesellschaft, die nicht mit der amerikanischen vergleichbar ist.

Als Gesprächsthemen völlig ungeeignet sind Hinweise auf Sprachprobleme, wirtschaftliche Schwierigkeiten und Separations-Tendenzen, insbesondere in Quebec.

In Kanada wird Pünktlichkeit erwartet; Gastfreundschaft wird durch Einladungen in Restaurants gezeigt und erwidert. Als Gastgeschenke sollten Sie – falls Sie sich für Blumen entscheiden – weiße Lilien absolut meiden, sie werden nur bei Beerdigungen verwendet.

Australien

Wir sind häufig geneigt, Australien über einen Kamm zu scheren, dabei ist es ein Kontinent, der aus sechs Bundesstaaten besteht – Neusüdwales, Victoria, Queensland, Südaustralien, Westaustralien und Tasmanien, die Hauptstadt ist Canberra.

Gehen Sie davon aus, dass die Australier sehr zugänglich und freundlich sind. Für geschäft-

Anhang

liche Gespräche sollte man bedenken, dass Australien eine überwiegend britisch geprägte Tradtion hat. Ferner sind die Australier sehr sportbegeistert: Cricket, Rugby und Australian Football sind sehr populär, ebenso Golf.

Bei Verhandlungen sollten Sie konservative Kleidung tragen, beachten Sie die unterschiedlichen Klimazonen, von subtropisch bis tropisch.

Bei Begegnungen nach langer Zeit oder bei Erstkontakten werden Hände geschüttelt, Damen werden durch Kopfnicken gegrüßt.

Australien ist ein sehr tolerantes Land, gleichwohl sollten Sie es unterlassen als erster über Politik, Religion und Volkseigenschaften apodiktisch zu sprechen.

Indien

Indien ist mit etwa 800 Millionen Einwohnern bevölkerungsmäßig das zweitgrößte Land nach China. 80 % der Einwohner sind Hindi, 15 % Muslime, die restlichen 5 % verteilen sich auf Buddhismus, christliche Religionsgemeinschaften und andere.

Indische Geschäftsleute haben „ewig" Zeit für Besprechungen, Arbeitsessen usw. und werden Sie sehr schnell als „friend" bezeichnen, sie verkehren geschäftlich und privat nur mit Personen, die ihre „friends" sind. Das ist gepaart mit der Erwartung, dass man sie ebenso behandelt.

Wegen der allgemein großen Hitze ist es üblich, keinen Anzug zu tragen, sondern Hemd und Krawatte. Für Damen gilt, je bedeckter, desto besser. Hosen sind erlaubt, für Herren jedoch keine Shorts.

Bei Begrüßung und Verabschiedung schüttelt man sich die Hände. Wichtig: Die Handflächen werden traditionell vor der Brust zusammengeführt und mit einer angemessenen Verbeugung begrüßt man Geschäftsfreunde und Besucher. Immer beachten, weil ungewohnt: Die linke Hand gilt als unrein (das geht zurück auf orientalisches Reinigungsverhalten auf der Toilette).

Tabuthemen sind Religion, das Kastensystem, die Armuts-Problematik, evtl. mangelnder Komfort. Es empfiehlt sich, keinesfalls Lobendes über Pakistan zu sagen.

Wichtige Bildungsstätten sind das Deccan-College in Poona, St Xaviers-College in Bombay, die Nehru-Universität in Neu Delhi, dies sollte Ihnen bekannt sein.

Wichtiges Datum ist natürlich die Unabhängigkeit am 15. August 1948.

Südafrikanische Union

Das wichtige Industrie- und Reiseland Südafrika hat 1992 eine neue Entwicklung begonnen. Auf Grund des unterschiedlichen kulturellen Hintergrundes der verschiedenen Völker des Landes gibt es keine einheitliche Kultur als Ganzes.

Bei Ihrer Kleidung sollten Sie darauf achten, dass bei offiziellen Anlässen Anzug und Krawatte erwartet werden, bei den beliebten Grillparties oder beim Sport ist natürlich informelle Kleidung angesagt.

Händeschütteln fast immer und überall, Sie sollten aufgeschlossen, gastfreundlich und gesellig erscheinen.

Statussymbole sind Kleidung, Schmuck, großes Haus und Grundstück, Swimmingpool, eigener Tennisplatz, Antiquitäten, zahlreiches Hauspersonal.

Bei Gesprächen vermeiden Sie Themen wie: die (frühere) Apartheid-Politik, die innenpolitischen Probleme, die erheblichen Klassenunterschiede, Fragen nach der persönlichen Sphäre.

Über Rugby, Fussball, Tennis, Golf, Autorennen oder Leichtathletik können Sie jedoch immer sprechen.

Beliebte Gastgeschenke sind Blumen, Bücher, Wein aus Frankreich oder Deutschland.

Anhang

Interpunktion – die wichtigsten Regeln

Der Punkt (*full stop/period*) ist ein satzschliessendes Zeichen und wird bisweilen in Abkürzungen verwendet, was jedoch zunehmend aus der Mode kommt.

He knocked at the door. There was no answer.
Jan., Feb. a.m. etc.

Das Fragezeichen (*question mark*) steht am Ende eines direkten Fragesatzes:

Where´s my car?

Auf keinen Fall steht es nach der indirekten Frage:

He asked why I was leaving.

Ferner steht es um Unsicherheit auszudrücken:
Jonathan Grinde lived from ? 1234 – 1267

Das Ausrufezeichen (*exclamation mark/point*) steht am Ende eines Satzes, der Freude, Überraschung, Schock o. ä. Gefühle ausdrückt.

That´s marvellous!
Come back!, he cried.

Das Komma (*comma*) unterteilt den Satz in kleinere Einheiten, es wird verwendet bei Aufzählungen – im Gegensatz zum Deutschen auch vor "*and*"; es steht nicht vor "*that*"

A bunch of red, green, pink, and white roses ...

Bei Einschüben bzw. Relativsätzen, die eine Information geben, die jedoch nicht für das Satzverständnis unbedingt notwendig ist.

Mount Everest, the world´s highest mountain, was first climbed by Hillary in 1953.

Kein Komma steht, wenn der Relativsatz für das Verständnis unbedingt notwendig ist.

The hills that separate Lancashire from Yorkshire are called the Pennines.

Es steht ferner, um Haupt- und Nebensätze abzutrennen, insbesondere nach Wendungen wie "*and*", "*as*", "*but*", "*for*", "*or*".

We had been looking forward to our holiday all year, but unfortunately ...

Es trennt einen „*question tag*" (deutsch:"nicht wahr?) vom Satz.

It´s quite expensive, isn´t it?
The London train arrives at a quarter past seven, right?

Es leitet ein kurzes Zitat ein: *It was Disraeli who said, "Little things affect little minds".*

Es leitet die indirekte Rede ein, vor oder nach "*he/she said*".

Es trennt ein einleitendes Wort oder eine *Phrase* bzw. ein *Adverb* oder eine *adverbiale Phrase*, die sich auf den ganzen Satz bezieht vom übrigen Satz.

Oh, so that´s what happened.
By the way, did you hear what happenend to Meg´s car?
As it happens, however, I never saw him again.

Der Doppelpunkt (*colon*) wird gesetzt vor einer Aufzählung.

These are our options: ...

In formellen Schreiben vor einem anderen Hauptsatz oder Nebensatz, der mehr Information über den eigentlichen Hauptsatz gibt; hier kann auch ein Strichpunkt/semicolon oder ein Komma stehen) .

The garden had been neglected for quite a few years: it was overgrown with weeds

Er steht ferner zur Einleitung eines (längeren) Zitats:

As Oscar Wilde writes: ...

Der Apostroph (*apostrophe*) wird verwendet um die Zugehörigkeit einer Sache oder Person zu einer anderen auszudrücken.

My sister´s friend
the waitress´s apron
King James´s crown/King James´ crown
the students´ books

Anhang

Ferner zeigt er an, dass Buchstaben oder Zahlen ausgelassen wurden.

I'm – I am
the summer of '96 – 1996

Manchmal wird er auch gesetzt, um den Plural von einzelnen Buchstaben, Zahlen oder Abkürzungen in der Kombination mit „s" zu bilden.

You roll your r´s
during the 1980´s
MP´s in favour of the motion

Der Bindestrich (*hyphen*) verbindet zwei oder mehr Worte, damit sie gemeinsam einen neuen Sinn ergeben.

fork-lift truck
hard-hearted

Im britischen Englisch wird er manchmal verwendet, um Vorsilben abzutrennen, die auf den gleichen Vokal enden, mit dem der Wortstamm beginnt.

co-operate
re-elect

Der Gedankenstrich (*dash*) wird häufig verwendet anstelle des Doppelpunktes:

Men were shouting, women were screaming, children were crying – it was chaos.

ferner, um einen Kommentar oder Nachsatz vom eigentlich Satz abzusetzen:

He knew nothing at all about it – at least so he said.

(Drei) Punkte (*three dots, ellipsis*) als Auslassungszeichen zeigen an, dass Worte oder Satzteile ausgelassen wurden.

... stress the view that Germany ... had not changed ... fundamentally.

Der Schrägstrich (*slash, oblique*) trennt alternativ verwendbare Wörter oder Sätze.

Have a pudding and/or cheese
single/married/widowed/divorced
(delete as applicable)

Offizielle Feiertage in den USA und Großbritannien

	GB	USA
Januar	1. Januar – New Year's Day	1. Januar: New Year's Day Third Monday: Martin Luther King´s Birthday (15. Januar)
Februar:		Third Monday: Washington´s Birthday (22. Februar)
März/April	Good Friday (Karfreitag) Easter Monday (Ostermontag)	
Mai	First Monday: May Day Last Monday: Spring Holiday	Last Monday: Memorial Day
Juni		
Juli		4. Juli: Independence Day
August	Last Monday: Late Summer Holiday	
September		First Monday: Labor Day
Oktober		Second Monday: Columbus Day
November		11. November: Veterans Day Fourth Thursday: Thanksgiving
Dezember	25. Dezember: Christmas 26. Dezember: Boxing Day	25. Dezember: Christmas

Anhang

Wichtige Abkürzungen

Im heutigen Englisch besteht eine deutliche Tendenz, die Punkte bei Abkürzungen wegzulassen, dies gilt für Abkürzungen, die aus Klein- oder Großbuchstaben bestehen.

a/c, A/C	account, Konto
am	ante meridiem, in the morning, vormittags
approx.	approximately, etwa, circa
a.s.a.p.	as soon as possible, so bald wie möglich
Ave.	Avenue
BC	Before Christ, v. Christus
Blvd	Boulevard
bn	billion, Milliarde
Bros.	Brothers, Gebrüder
Cantab	Cantabrigiensis, von der Universität Cambridge
c	circa, circa
CC	Corps Consulaire, Konsularischer Dienst
CD	Corps Diplomatique, Diplomatischer Dienst
cf.	confer, vergleiche
Co.	company, Gesellschaft, county, Grafschaft, Bezirk
COD	cash on delivery, Nachnahme, Barzahlung bei Lieferung
Coll.	college, Hochschule, Institut
Cons	Conservative Party, Konservative Partei
cp.	compare, vergleiche
Dept.	department, Abteilung
dupl	duplicate, Durchschrift, Doppel
e.g.	exempli gratia, for example, zum Beispiel
esp.	especially, besonders
extn.	extension, Durchwahl, Nebenstelle
FRG	Federal Republic of Germany, BRD
GCSE	General Certificate of Secondary Education, Abschlüsse der Sekundarstufe
Hon.	Honourable, Titel von Parlamentsmitgliedern, Adelstitel
i.e.	id est, that is, das heißt
incl.	including, einschließlich
km/h	kilometres per hour, Stundenkilometer
L	lake, See/little, klein/römisch: 50/ Liberal, Liberale Partei

Anhang

l	line, Zeile
Lab.	Labour, Labour Partei
lb	pound (weight), Pfund (Gewicht)
lit.	literally, wörtlich, Literature, Literatur/literary, literarisch
m	million, Million
Messrs	Messieurs, Firma (nur in Verbindung mit Personennamen)
MP	Member of Parliament, Parlamentsmitglied
MPH/mph	miles per hour, Meilen pro Stunde
NB	nota bene, zur Beachtung
nec	necessary, notwendig
No./no.	number, Nummer
Nos./nos.	Nummern
Oxon.	Oxoniensis, von der Universität Oxford
p./pp.	page/pages, Seite/n
pm	post meridiem, in the afternoon/evening, nachmittags, abends
PO	post office, Postamt
P.O.B, P.O. Box	Post Office Box, Postfach
pp	per pro, im Auftrag
PTO/pto	please turn over, bitte umblättern
Rd.	road, Straße
Re/re	reference, Bezug, (Ihr/unser) Zeichen
regd.	registered, eingetragen
retd	retired, außer Dienst
Rev.	(The) Reverend, Ehrwürden
RSVP	répondez s'íl vous plaît), um Antwort wird gebeten
Sen./sen.	senior, Senior-
Sr	senior oder sister, Senior oder Schwester
St	Street, Straße
Sta/sta	station, Bahnhof
tel./Tel.	telephone, Telefon
UK	United Kingdom, Vereinigtes Königreich
usu	usually
VAT	value added tax, Mehrwertsteuer
yr	year, Jahr

Wichtige Abkürzungen

Anhang

Tipps für Ihren Sprachstil

So sind Sie höflich

Man sagt "*excuse me*" wenn man an einem anderen vorbeigehen möchte und ihn auf sich aufmerksam machen will. "*Excuse me*" wird immer verwendet, wenn Sie die Aufmerksamkeit eines anderen auf sich lenken möchten "*Excuse me, could you tell me the way to the station?*"

Man sagt "*sorry*" wenn man sich für etwas Geringfügiges entschuldigen möchte, "*Sorry, I´m late*".

"*I beg your pardon*" ist formell, "*I beg your pardon, I must have picked up the wrong key by mistake*".

Im Amerikanischen werden "*Pardon me*" und "*Excuse me*" als Entschuldigungen verwendet "*Excuse me/Pardon me, I didn´t see you there*".

Im britischen Englisch sagen Sie "*Pardon?*" oder "*Sorry?*" und im amerikanischen Gebrauch "*Pardon me?*" oder "*Excuse me?*" wenn Sie etwas nicht verstanden haben und möchten, dass es wiederholt wird.

Absolut unhöflich wäre es, einfach "*What?*" zu sagen, wenn Sie etwas nicht verstanden bzw. gehört haben.

Die Wendung "*I´m afraid ...*" wird verwendet, wenn man sich dafür entschuldigen will, weil man etwas Unangenehmes mitteilen muss, "*Mr Bell isn´t in at the moment, I´m afraid. Can I take a message?*" "*Has the last bus gone?*" "*I´m afraid so*".

Wenn Sie um etwas bitten, sagen Sie "*Please*". Im britischen Englisch können Sie es am Satzanfang oder -ende verwenden, im Amerikanischen steht es üblicherweise am Satzende," „*Please could I have the menu?*", "*Could I have the menu, please?*"

Auf keinen Fall darf "*Please*" verwendet werden als Antwort auf "Danke", das wäre ein grober faux pas. Für das deutsche Wort "Bitte" als Replik auf "Danke" sagen Sie entweder gar nichts oder allenfalls "*That´s all right*", "*That´s okay*" oder "*Don´t mention it*".

Wenn man etwas erhält, etwas kauft oder Informationen bekommt, sagt man "*Thank you*" oder "*Thanks*". Informell können Sie auch "*Cheers*" sagen, "*Here´s that £10 I owe you*" "*Oh, cheers*". (Cheers wird auch wie das deutsche "Prosit" verwendet.) Empfindliche Leute fühlen sich unangenehm berührt, wenn man in den beschriebenen Situationen stumm bleibt und nicht "*thanks*" o. ä. von sich gibt.

Wenn Sie etwas ablehnen sagen Sie "*No, thank you*" oder "*No, thanks*", "*Would you like some more tea?*" "*No, thank you*", "*No, thanks*".

Anhang

Redewendungen
– das „Gewürz" der Sprache

To be in the same boat	Im gleichen Boot sitzen
A bird in the hand is worth two in the bush	Der Spatz in der Hand ist besser als die Taube auf dem Dach
That was the final straw (that broke the camel´s back)	Der Tropfen, der das Fass zum Überlaufen brachte
To be in a tight spot	In der Klemme sein
To be in dire straits	
To buy/sell something for a song	Für `nen Appel und´n Ei kaufen/verkaufen
Too many cooks spoil the broth	Viele Köche verderben den Brei
A storm in a teacup	Ein Sturm im Wasserglas
On your bike!	Fort mit dir! (wenn man möchte, dass sich jemand sofort auf den Weg macht)
To drop a clanger	Ins Fettnäpfchen treten
To beat about the bush	Auf den Busch klopfen
To iron something out	etwas ausbügeln
To be (in a state of) limbo	In der Schwebe sein
Indian/single file	Im Gänsemarsch
The line of least resistance	Der Weg des geringsten Widerstandes
Sing a different song/tune	Es sich anders überlegen/Die Meinung ändern
It´s no use crying over spilt milk	Geschehen ist geschehen/da lässt sich nichts mehr ändern
A millstone round one´s neck	Wie ein Mühlstein am Hals hängen
To keep the ball rolling	Eine Sache am Laufen halten
When the balloon goes up	Wenn die Sache auffliegt/Wenn die Bombe platzt
To be miles away	In Gedanken versunken/verloren sein
To reverse the charges/call collect (AE)	Ein R-Gespräch führen
To sail close/near to the wind	Sich am Rande der Legalität bewegen
It´s (a case of) dog eat dog	Jeder gegen jeden

Anhang

Tipps für Ihre Geschäftsverhandlung

Zustimmung ausdrücken

➜ Starke Zustimmung

I completely/thoroughly/entirely agree
I´m of exactly the same opinion
I´m in total agreement (förmlich)

➜ Neutrale Zustimmung

I agree
I think we are in agreement on that
I think you are right
I think we can accept your position on that

➜ Teilweise Zustimmung

I would tend to agree with you on that
I agree with you on the whole, but it could be said that ...

I agree in principle, but ...
By and large I would accept your views, but ...
    (Im Großen und Ganzen stimme ich zu, jedoch ...)
Although I agree with most of what you´ve said, I find it difficult to agree with your point of view about ...

Ablehnung ausdrücken

➜ Deutliche Ablehnung abmildern

Frankly ...
To be quite frank
With respect ...
To put it bluntly (Umgangssprache)

➜ Deutliche Ablehnung

I totally/completely/wholly/utterly disagree with you
I don´t agree at all
Under no circumstances I could agree to that
What you are saying is just not feasible

➜ Neutrale Ablehnung abmildern

I´m afraid ...
I´m (really) sorry ...
With respect ...
I respect your opinion, of course, however ...

➜ Neutrale Ablehnung

I don´t completely agree with you on that
I really can´t agree with you on that
I can´t say that I share your views
We´ll have to agree to differ/disagree
I´m not totally convinced by your argument
I can´t help feeling that ...
I feel I must disagree
I really must take issue with you here

➜ Taktvolle Ablehnung

I agree up to a point, but ...
To a certain extent I agree with you, but
I take your point, Mr/Ms ... , but have you considered/taken into consideration ...?
I can see your point of view, but surely ...

Anhang

Andere unterbrechen

May I interrupt you for a moment?
Sorry to interrupt, but ...
If I may just interrupt you for a moment, I´d like to ...
I don´t want to interrupt, but ...

Das Wort ergreifen

Could I come in at this point?
Could I say something about ...?
If no one objects, I´d like to say a few words about ...
If I could say a word about ...

Kommentar geben

I wonder if I could comment on that last point?
Excuse me, but I´d just like to make a few notes on that
I´d like to add something here, if I may?
May I just draw your attention to the fact that ...?
Excuse me, but I think it´s relevant/important to add that ...
Before we go any further, may I point out ...

Besucher begrüßen

→ Gruppe:

Glad you could join us today
We´re/I´m very pleased to have you with us today
On behalf of ... I would like to welcome you all here today to ...
It´s my pleasure to welcome you all to the conference

→ Einzelperson:

Hello, how are you?
Glad, you could make it
I´m so pleased you could come
Please come in and make yourself at home
May I take your coat?

Nach der Meinung fragen

What do you think about/of ...? What´s your opinion on ...?
How do you feel about ...?
How do you react to ...?
What are your views on ...?
I´d like to hear your views on ...?

Tipps für Ihre Geschäftsverhandlung

Stichwortregister

Stichwort	Seite
Abkürzungen	138f.
Ablehnung	48, 64, 100
Absage	27, 96, 112
Alternativangebot	26
Anfrage	12, 14, 18, 97, 99, 102f.
Angebot	14, 17, 19, 22ff., 25ff., 35
Ankündigung	84f.
Anrede	122f., 125
Anschrift	125
Anschriftenänderung	81
Arbeitszeugnis	111
Auftrag	32
Auftragsbestätigung s. Bestätigung	
Auskunft	98f.
Auskunfteien	99
Auslandsstudium	102
Ausscheiden eines Gesellschafters	83
Außenhandel	11
Beförderung	113
Begleitschreiben	75
Behandlungsvermerke	128
Beileid	117
Beschwerde	49, 54f., 61
Bestätigung	33f., 86, 95
Besuchstermin	85f.
Betreff	123
Bewerbung	109f.
Bezugszeile	121f.
Briefgestaltung	120ff.
Briefkopf	120
Brieftext	123
Dank	87, 94f., 116
Einladung	92ff.
Einzelfirma	24
Einzelhandel	27
Entschuldigung	63
Export	11
Exports Credits Guarantee Department (ECGD)	20
Feiertage USA / Großbritannien	137
Firmenjubiläum	92
Garantieerklärung	39
Geburtstag	115
Geschäftsaufgabe	80
Geschäftsbericht	82
Geschäftseröffnung	79
Geschäftsverhandlung	142
Gesellschaftsformen	84
Glückwunsch	113ff.
Großhandel	27
Handelsvertretung	24, 74
Import	10
Incoterms	44
Interpunktion	136f.
Inventur	82
Jubiläum	114
Kapitalgesellschaft	24
Kommanditgesellschaft	24
Kondolenzschreiben	117
Kostenvoranschlag	20f.

Stichwort	Seite
Kreditantrag	100f.
Kündigung	78
Lebenslauf	108
Liefertermin	41ff.
Lieferunfähigkeit	44
Lieferverzug	60ff.
Mahnung, dritte	70f.
Mahnung, erste	66f.
Mahnung, zweite	68f.
Mängelrüge	53, 59
Maße und Gewichte	131
Messeeinladung	93
Nachfassbrief	15ff., 29
Offene Handelsgesellschaft	24
Patentamt	113
Personal-Rundschreiben	107
Personengesellschaft	24
Postbestimmungen	126f.
Postskript	124
Preisnachlass	57f.
Probeauftrag	31
Probelieferung	30
Proforma-Rechnung	40
Partnership	87
Redewendungen	141
Reklamation	49ff.
Schadensanzeige	90
Scheck	38
Schlussformel	123f.
Skontoabzug	49
Sprachstil	140
Sprachstil – Behörden	97
Stellenanzeige	106
Telefonate	102
Transithandel	10
Transport	43
Transport-Versicherung	35, 76
Unternehmen	79
Unternehmensformen	24
Unterschrift	124
Vereinbarung	74
Verhaltensregeln unterwegs	132ff.
Verlustanzeige	65, 89
Versandanzeige	38
Versicherung	89f.
Verteilervermerk	124
Vertrag	74ff.
Vertragsaufhebung	77
Vokabeln zum Jahresabschluss	13
Vokabeln zum Telefonieren	34
Werbebrief	10f., 13
Werbung	88
Zahlen	129f.
Zahlungsbedingungen	14f., 45ff.
Zahlungsziel	45f.
Zwischenbescheid	56, 110